Augustin TEVI

LE SENTIER ETROIT :

Augustin TEVI

LE SENTIER ETROIT :

Savoir Choisir pour ma Destinée Aujourd'hui

Éditions Croix du Salut

Imprint
Any brand names and product names mentioned in this book are subject to trademark, brand or patent protection and are trademarks or registered trademarks of their respective holders. The use of brand names, product names, common names, trade names, product descriptions etc. even without a particular marking in this work is in no way to be construed to mean that such names may be regarded as unrestricted in respect of trademark and brand protection legislation and could thus be used by anyone.

Cover image: www.ingimage.com

Publisher:
Éditions Croix du Salut
is a trademark of
Dodo Books Indian Ocean Ltd. and OmniScriptum S.R.L publishing group

120 High Road, East Finchley, London, N2 9ED, United Kingdom
Str. Armeneasca 28/1, office 1, Chisinau MD-2012, Republic of Moldova, Europe
Managing Directors: Ieva Konstantinova, Victoria Ursu
info@omniscriptum.com

Printed at: see last page
ISBN: 978-3-330-31640-9

Copyright © Augustin TEVI
Copyright © 2025 Dodo Books Indian Ocean Ltd. and OmniScriptum S.R.L publishing group

TABLE DES MATIERES

Introduction : Le Sentier Étroit – Une Décision Capitale

Dans le célèbre passage de Matthieu 7:13-14, Jésus déclare :

"Entrez par la porte étroite. Car large est la porte, spacieux est le chemin qui mène à la perdition, et il y en a beaucoup qui entrent par là. Mais étroite est la porte, resserré le chemin qui mène à la vie, et il y en a peu qui les trouvent."

Ces paroles frappantes, tirées du Sermon sur la Montagne, ne laissent aucun doute sur la nature du voyage spirituel que Dieu propose à l'humanité. Le sentier étroit, synonyme de choix, de discipline et de foi, contraste avec le chemin large, plus accessible mais conduit à la perdition. Cette opposition est au cœur de notre destinée éternelle.

Un appel universel, mais un choix individuel

Le sentier étroit représente bien plus qu'une simple voie morale. Il s'agit d'un chemin de vie profondément ancré dans la grâce et la vérité de Dieu. C'est un appel universel qui s'adresse à tous, mais dont le parcours dépend d'un choix personnel. Chacun, à un moment ou un autre, se trouve confronté à ce dilemme : le chemin spacieux, attirant et conformiste, ou le sentier resserré, exigeant mais porteur de vie.

Jésus, dans ses enseignements, montre clairement que le sentier étroit n'est pas populaire, ni facile à emprunter. Pourtant, il est le seul chemin qui mène à la vie éternelle. Contrairement au chemin large, où les compromis avec les valeurs du monde sont monnaie courante, le sentier étroit exige une soumission totale à Dieu et une séparation des choses du monde.

Le contraste entre les deux chemins

Un autre passage clé qui illustre ce contraste est Matthieu 19:24 :

"Il est plus facile à un chameau de passer par le trou d'une aiguille qu'à un riche d'entrer dans le royaume de Dieu."

Cette affirmation ne stigmatise pas la richesse en soi, mais elle révèle une vérité essentielle : les œuvres humaines, les richesses, ou tout autre mérite terrestre ne suffisent pas à obtenir la grâce divine. Le chemin large séduit par l'illusion de l'autosuffisance, mais il mène à la destruction. En revanche, le sentier étroit exige de renoncer à soi-même, à ses propres efforts pour se confier totalement à Dieu et dépendre de sa grâce.

La société contemporaine ne cesse de magnifier le chemin large. Aujourd'hui, les influences culturelles, les idéologies et les pratiques contraires à la volonté de Dieu captivent les cœurs. Le relativisme moral, la recherche effrénée du gain facile, et les promesses d'une satisfaction immédiate façonnent un monde où chacun peut justifier ses choix, aussi déviants soient-ils. Ces pratiques conduisent sur le chemin large, celui de la perdition.

Les défis du sentier étroit dans le monde moderne

Il est difficile d'échapper à la tentation du chemin large dans un monde qui valorise le plaisir à court terme, le succès individuel et la liberté sans limites. Les dérives telles que l'hyper-sexualisation, le relativisme moral, et les pratiques non éthiques s'infiltrent même dans les sphères religieuses, brouillant les frontières entre le bien et le mal.

Le sentier étroit, quant à lui, demande du courage, de la discipline et une foi inébranlable. C'est un chemin qui nécessite :

1. **La foi et la confiance en Dieu** : Se détacher des valeurs terrestres pour embrasser les promesses célestes.
2. **Le renoncement à soi-même** : Porter sa croix et marcher dans l'obéissance, même lorsque cela va à l'encontre des tendances populaires.
3. **Une vision éternelle** : Réaliser que la récompense de ce chemin n'est pas immédiate, mais elle est éternelle.

Un livre pour notre temps

Dans ce livre, nous explorerons ensemble les réalités spirituelles du sentier étroit et les défis qu'il présente, particulièrement dans le contexte actuel. Nous examinerons les pièges du chemin large :

- Les idéologies modernes qui redéfinissent les notions de vérité et de morale.

- Les influences culturelles qui ciblent les jeunes générations dès leur bas âge.
- Les compromissions religieuses qui détournent les cœurs du vrai Évangile.

Mais ce livre n'est pas seulement une dénonciation des dangers du chemin large. Il est aussi un guide pratique pour marcher sur le sentier étroit. Nous découvrirons les principes bibliques qui éclairent ce chemin et les moyens de les appliquer dans nos vies.

Un fardeau personnel pour le Corps de Christ

Depuis la création du ministère *International Sentier Étroit* en 2012, mon plus grand désir est de voir chaque enfant de Dieu arpenter l'étroit chemin qui mène à la vie éternelle en Jésus-Christ. Ce fardeau m'a conduit à œuvrer avec mes équipes dans le perfectionnement des saints et l'édification du Corps de Christ pour l'œuvre du ministère. Cependant, mon plus grand combat reste l'éducation des jeunes générations dès le bas âge, afin de leur inculquer le Mystère de Dieu : *Savoir Christ*.

Ce livre est le fruit de cet appel. Il rassemble des réflexions, des enseignements et des observations que le Seigneur a déposés en moi pour équiper et encourager ceux qui aspirent à persévérer sur ce sentier, malgré les défis et les compromis de notre époque.

Un appel à choisir la vie

Le choix du sentier étroit n'est pas une simple décision ponctuelle ; c'est un engagement quotidien. Chaque jour, nous sommes confrontés à des décisions qui peuvent nous rapprocher ou nous éloigner de Dieu. Ce livre est un appel à prendre au sérieux ces choix et à embrasser le chemin qui mène à la vie.

Enfin, ce livre vise à éduquer, encourager et équiper ceux qui souhaitent transmettre cette vision aux générations futures. Les enfants d'aujourd'hui sont les leaders spirituels de demain. Il est impératif de leur enseigner les vérités éternelles et de leur montrer, par l'exemple, la beauté du sentier étroit.

Alors que nous entamons ce voyage, souvenons-nous de la promesse de Jésus :

"Je suis le chemin, la vérité, et la vie. Nul ne vient au Père que par moi." (Jean 14:6)

CHAPITRE 1 : COMPRENDRE LE SENTIER ÉTROIT ET LE CHEMIN LARGE

1.1 Définition biblique et spirituelle des deux chemins

La Bible, dans Matthieu 7:13-14, introduit avec une clarté saisissante la notion de deux chemins : le sentier étroit et le chemin large. Ces deux voies représentent deux manières de vivre et deux destinées spirituelles distinctes. Elles sont au cœur du message évangélique et illustrent les choix que chaque être humain est appelé à faire dans sa marche spirituelle.

"Entrez par la porte étroite. Car large est la porte, spacieux est le chemin qui mène à la perdition, et il y en a beaucoup qui entrent par là. Mais étroite est la porte, resserré le chemin qui mène à la vie, et il y en a peu qui les trouvent." (Matthieu 7:13-14)

Le chemin large : une route attrayante mais destructrice

Le chemin large symbolise la vie sans restriction, une existence orientée par les désirs de la chair, les aspirations mondaines et la conformité au système de pensée de ce monde. C'est une voie séduisante car elle semble offrir une liberté totale et une absence de contrainte morale. Cependant, derrière cette apparente liberté se cache une réalité cruelle :

1. **L'absence de direction divine** : Ceux qui marchent sur le chemin large vivent selon leurs propres règles, rejetant l'autorité de Dieu.
2. **L'illusion de la satisfaction immédiate** : Les plaisirs, la richesse et la gloire terrestre promettent une joie éphémère, mais conduisent finalement à un vide spirituel et à la perdition éternelle.
3. **L'influence du nombre** : Beaucoup choisissent cette voie parce qu'elle est populaire et socialement acceptable. La majorité, influencée par les courants de pensée du moment, s'y engage sans examiner les conséquences éternelles.

1.1 Le sentier étroit : une route exigeante mais porteuse de vie

En contraste, le sentier étroit est présenté comme un chemin de vie, mais également comme une voie difficile à emprunter. Cette difficulté n'est pas une punition, mais une conséquence de la séparation avec le monde et de la soumission totale à la volonté de Dieu.

1. **Une porte étroite** : L'accès à ce chemin commence par un choix délibéré. Jésus lui-même est la porte (Jean 10:9), et nul ne peut entrer dans ce chemin sans reconnaître sa Seigneurie.
2. **Un chemin resserré** : Ceux qui marchent sur le sentier étroit doivent renoncer à eux-mêmes, porter leur croix quotidiennement (Luc 9:23) et s'efforcer de vivre selon les principes du Royaume de Dieu.
3. **Une marche guidée par l'Esprit** : Contrairement au chemin large où les désirs charnels prédominent, le sentier étroit est marqué par une dépendance totale envers le Saint-Esprit pour la direction, la force et la persévérance.

1.1.1 Implications spirituelles des deux chemins

Ces deux chemins ne représentent pas seulement des choix philosophiques ou moraux, mais des réalités spirituelles profondes. Ils incarnent deux royaumes : celui de Dieu et celui du monde.

- Le chemin large est enraciné dans le péché et dominé par Satan, le prince de ce monde (Éphésiens 2:2).
- Le sentier étroit est ancré dans la justice et guidé par la lumière de Christ.

Ce contraste souligne l'importance du discernement spirituel et de la soumission à la Parole de Dieu. Le choix du chemin ne dépend pas de nos efforts personnels ou de nos mérites, mais de notre disposition à accepter l'œuvre rédemptrice de Christ et à marcher dans son obéissance.

1.1.2 Le symbolisme des deux chemins dans la vie quotidienne

Les deux chemins se manifestent dans les décisions que nous prenons chaque jour. Choisir le sentier étroit signifie :

- Prioriser la volonté de Dieu sur nos propres désirs.
- Refuser les compromis avec le péché, même lorsqu'ils semblent socialement acceptables.

- S'engager dans une relation personnelle avec Christ, qui nous fortifie pour marcher selon ses voies.

À l'inverse, le chemin large se traduit par :

- Une vie centrée sur les plaisirs éphémères et les succès terrestres.
- Une absence de soumission à l'autorité divine.
- Une indifférence aux vérités éternelles.

1.1.3 Un choix à faire, une conséquence éternelle

Il est crucial de comprendre que ces deux chemins ne mènent pas à des destinations similaires. Le chemin large conduit à la perdition éternelle, une séparation totale d'avec Dieu. Le sentier étroit, bien qu'exigeant, mène à la vie éternelle, en communion avec Dieu.

Comme le rappelle Josué dans son appel au peuple d'Israël :

"Choisissez aujourd'hui qui vous voulez servir." (Josué 24:15)

Ce choix, bien qu'individuel, a des implications éternelles. Le sentier étroit est un appel à marcher à contre-courant, à rejeter les valeurs du monde pour embrasser la vérité et la vie en Christ.

1.2 Analyse du contraste – Les œuvres humaines, comme la richesse ou la morale personnelle, ne garantissent pas l'accès à la vie éternelle

Dans cette section, nous approfondissons un contraste majeur entre le sentier étroit et le chemin large : l'illusion que les œuvres humaines, telles que la richesse, la moralité ou même les connaissances scientifiques, puissent garantir l'accès à la vie éternelle. Cette idée trouve une place centrale dans la pensée humaine, mais la Bible nous révèle que seul le Christ, par sa grâce infinie, est le véritable chemin vers la vie éternelle.

1.2.1 La richesse : un piège spirituel sur le chemin large

La richesse est souvent perçue comme un signe de succès dans le monde actuel, et elle est fréquemment associée à la prospérité matérielle, sociale et même spirituelle. Pourtant, Jésus avertit que cette recherche excessive de richesse peut détourner une personne de son objectif spirituel. Comme mentionné dans Matthieu 19:24, il est plus facile pour un chameau de passer par le trou d'une aiguille que pour un riche d'entrer dans le Royaume de Dieu. Cette métaphore illustre que la richesse, lorsqu'elle devient l'objectif principal d'une vie, peut rendre l'accès au Royaume de Dieu difficile, voire impossible.

La question fondamentale ici est : pourquoi la richesse crée-t-elle un tel obstacle spirituel ? La richesse terrestre a le pouvoir de créer une illusion de sécurité et d'autosuffisance. Les richesses deviennent un substitut de Dieu, créant une dépendance excessive aux biens matériels et un éloignement de Dieu. Le riche, qui se croit suffisant et capable de résoudre tous ses problèmes par ses moyens financiers, néglige la nécessité d'une relation intime avec Dieu, fondée sur la foi et la dépendance totale à Sa grâce. Le danger ici est d'oublier que la richesse est éphémère et qu'elle ne garantit en aucun cas la vie éternelle.

Les Écritures soulignent l'importance de ne pas se laisser séduire par la richesse comme objectif suprême. Par exemple, 1 Timothée 6:10 nous met en garde :

"Car l'amour de l'argent est la racine de tous les maux ; en en étant possédés, certains se sont égarés loin de la foi et se sont eux-mêmes plongés dans beaucoup de douleurs." (1 Timothée 6:10)

Cette mise en garde montre clairement que la quête de richesse, lorsqu'elle devient une fin en soi, peut détourner une personne du véritable objectif de la vie chrétienne : une vie de foi en Jésus-Christ. La richesse et le confort matériel sont des pièges spirituels qui renforcent l'idée fausse que l'on peut vivre indépendamment de Dieu.

1.2.2 La moralité personnelle : une illusion de justice propre

Le chemin large inclut également ceux qui placent leur confiance dans leurs œuvres, qu'il s'agisse de leurs actions morales ou de leurs tentatives de respecter les lois religieuses. Bien que la moralité soit essentielle pour une vie chrétienne droite, il est dangereux de penser que l'on peut gagner le salut par nos propres efforts. Beaucoup d'individus croient qu'en étant « assez bons » ou en suivant un ensemble de principes moraux, ils peuvent mériter le ciel. Cependant, la Bible nous enseigne que « toutes nos œuvres sont comme un vêtement souillé » (Ésaïe 64:6) et que « l'homme n'est justifié par les œuvres de la loi » (Galates 2:16).

La moralité, bien qu'elle soit une conséquence naturelle d'une foi authentique, ne peut en aucun cas servir de base pour accéder au salut. L'homme, dans son état de péché, ne peut être justifié par ses œuvres ; seul le sacrifice de Jésus-Christ sur la croix peut permettre à l'humanité d'être réconciliée avec Dieu. Cela est clairement illustré dans la parabole de Jésus sur le pharisien et le publicain (Luc 18:9-14). Tandis que le pharisien se glorifie de ses œuvres morales, le publicain, humble, se reconnaît pécheur et demande miséricorde. Jésus déclare que ce dernier, plutôt que le pharisien, est justifié devant Dieu.

Cette parabole rappelle que l'humilité et la reconnaissance de notre besoin de Dieu sont essentielles pour être sauvé, et non la confiance dans nos actions humaines. Ceux qui se croient justes par leurs propres œuvres sont sur le chemin large, pensant que leurs bonnes actions suffisent pour accéder à la vie éternelle.

1.2.3 L'illusion de l'autosuffisance spirituelle

Un autre aspect majeur du chemin large réside dans l'illusion de l'autosuffisance spirituelle, qui se manifeste par la croyance que l'on peut atteindre le salut sans l'intervention divine. Cela s'illustre souvent dans la manière dont certaines personnes se reposent sur leur propre sagesse, leurs connaissances et leurs capacités humaines. En se croyant capables de « remplacer Dieu », elles s'engagent sur un chemin qui ne mène nulle part. Le chemin large est pavé d'orgueil et de prétention, où l'homme croit qu'il peut trouver la vérité par lui-même, indépendamment de Dieu. Ce chemin est trompeur, car il nous fait croire que nous pouvons être maîtres de notre destinée et décider par nous-mêmes de ce qui est juste ou faux.

Un exemple frappant de cette illusion est l'aspiration de certains à remplacer Dieu par la science et la raison. La science, dans sa quête de comprendre et de maîtriser l'univers, offre une forme d'assurance et de contrôle qui séduit les humains. Beaucoup croient que, grâce à l'avancement scientifique, l'humanité pourra surmonter ses limites et un jour "remplacer" Dieu, comme si la science pouvait expliquer ou remplacer la création divine.

Cet aspect est transversal aux autres, car la science, lorsqu'elle est utilisée dans ce but, devient un instrument du chemin large. Ce phénomène est également visible dans certaines philosophies modernes qui prétendent que la science et la raison peuvent fournir toutes les réponses aux mystères de l'existence, y compris la question du salut. La Bible, cependant, nous rappelle que la vraie sagesse et la connaissance viennent de Dieu seul (Proverbes 2:6). La science et la raison, dans leur juste perspective, sont des outils précieux, mais elles ne peuvent remplacer le besoin fondamental de Dieu dans la vie humaine. Le seul moyen d'accéder à la vie éternelle est de se soumettre à la grâce de Dieu, qui nous est donnée gratuitement en Jésus-Christ.

1.3 L'appel à compter sur la grâce de Dieu plutôt que sur les acquis terrestres

Dans cette dernière section, nous mettons l'accent sur l'appel fondamental du Christ et de l'Écriture : l'importance de compter sur la grâce divine, et non sur nos acquis terrestres, pour accéder à la vie éternelle. Le contraste entre les deux chemins – l'étroit et le large – repose en grande partie sur cette distinction clé. Tandis que le chemin large repose sur la confiance dans les choses temporaires et éphémères, le sentier étroit invite chacun à se confier uniquement dans la grâce incommensurable de Dieu, qui est donnée en Jésus-Christ.

1.3.1 La grâce de Dieu : un don immérité, non basé sur les œuvres humaines

Le concept de grâce est central dans la théologie chrétienne. La grâce divine fait référence à l'amour inconditionnel et immérité que Dieu accorde à l'humanité, malgré ses péchés et imperfections. C'est cette grâce qui nous permet d'être réconciliés avec Dieu, car elle est offerte librement à tous ceux qui acceptent Jésus-Christ comme Seigneur et Sauveur. Contrairement à ce que proposent les œuvres humaines, comme la richesse ou les bonnes actions, la grâce de Dieu ne peut être méritée ou gagnée par les efforts personnels. Elle est un don qui dépasse les capacités humaines et qui ouvre la voie à une nouvelle relation avec Dieu.

Dans Éphésiens 2:8-9, Paul souligne cette vérité essentielle :

"Car c'est par la grâce que vous êtes sauvés, par le moyen de la foi. Et cela ne vient pas de vous, c'est le don de Dieu ; ce n'est pas par les œuvres, afin que personne ne se glorifie." (Éphésiens 2:8-9)

Ce passage affirme que le salut n'est pas basé sur nos actions ou notre moralité, mais sur la grâce de Dieu, qui se manifeste dans la foi en Jésus-Christ. La grâce est ce qui rend possible le salut, et elle est un remède puissant contre l'illusion de l'autosuffisance et des acquis terrestres.

1.3.2 La grâce contre l'illusion de l'autosuffisance et des acquis terrestres

L'appel à compter sur la grâce divine met en lumière un danger caché mais réel : celui de la confiance excessive dans les acquis terrestres. Dans le monde d'aujourd'hui, où l'on valorise la réussite personnelle, l'indépendance et l'autosuffisance, il est facile de se laisser séduire par l'idée que l'on peut tout accomplir par ses propres forces. La société moderne encourage cette mentalité, faisant la promotion du "self-made man", de celui qui n'a besoin de personne pour réussir.

Cependant, ce type de mentalité est en contradiction totale avec l'enseignement biblique. Jésus lui-même nous enseigne que nous ne pouvons rien faire sans Lui. Dans Jean 15:5, il déclare :

"Je suis le vigneron, vous êtes les sarments. Celui qui demeure en moi et en qui je demeure porte beaucoup de fruit ; car sans moi, vous ne pouvez rien faire." (Jean 15:5)

La vérité que Jésus exprime ici est que la dépendance à Dieu est essentielle pour toute œuvre véritablement bonne et fructueuse. Que ce soit dans nos efforts spirituels, nos succès matériels ou nos accomplissements personnels, tout est dépendant de la grâce de Dieu. Toute autosuffisance, qu'elle soit fondée sur la richesse, la moralité, ou même le savoir, devient un obstacle à l'humilité nécessaire pour recevoir cette grâce.

1.3.3 La grâce, source d'humilité et d'abandon à Dieu

Accepter la grâce de Dieu signifie aussi reconnaître notre propre insuffisance. Ce processus implique une attitude d'humilité et de soumission à la volonté de Dieu. Loin de réduire notre valeur ou notre dignité, cette humilité nous place dans une position de réceptivité à l'amour divin. C'est un appel à lâcher prise, à abandonner l'illusion que nous pouvons tout contrôler par nos efforts humains. Ce n'est qu'à travers cet abandon que l'on peut véritablement expérimenter la grâce de Dieu dans sa vie.

Paul nous montre l'importance de cette soumission dans 2 Corinthiens 12:9, où il rapporte les paroles du Seigneur :

"Ma grâce te suffit, car ma puissance s'accomplit dans la faiblesse." (2 Corinthiens 12:9)

La grâce de Dieu est suffisante, et elle se manifeste pleinement lorsque nous reconnaissons nos faiblesses et nous nous abandonnons à Lui. Cela remet en question toute notion de "mérite personnel" que le chemin large promeut et invite plutôt à une vie de foi et de dépendance absolue à Dieu.

1.3.4 L'appel à se détourner de la confiance en soi pour se reposer sur la grâce divine

Le chemin large, avec sa quête de sécurité et de succès par des moyens humains, constitue une fausse promesse de contrôle sur la vie éternelle. Il peut sembler séduisant de croire que l'on peut "acheter" le salut avec des bonnes actions, de l'argent ou des connaissances. Mais le chemin étroit, celui de la grâce divine, appelle chacun à abandonner cette fausse sécurité et à se reposer uniquement sur Dieu. Le salut ne s'achète pas, il est un don.

L'invitation de Jésus dans Matthieu 11:28-30 est claire :

"Venez à moi, vous tous qui êtes fatigués et chargés, et je vous donnerai du repos. Prenez mon joug sur vous, et recevez mes instructions, car je suis doux et humble de cœur, et vous trouverez du repos pour vos âmes. Car mon joug est facile, et mon fardeau est léger." (Matthieu 11:28-30)

Cette invitation est un appel à abandonner les fardeaux de l'autosuffisance et de la recherche des moyens terrestres pour la paix intérieure. C'est un appel à la grâce et à l'humilité, pour entrer dans le repos de Dieu, celui qui ne peut être trouvé dans aucune œuvre humaine.

1.3.5 La foi en Jésus-Christ : la seule voie vers la vie éternelle

Enfin, l'appel à compter sur la grâce de Dieu repose sur la vérité que seul Jésus-Christ peut nous conduire à la vie éternelle. C'est par Lui, et Lui seul, que nous avons accès au Père. Le chemin de la grâce mène à la réconciliation avec Dieu et à la vie éternelle, non par nos œuvres, mais par la foi en Jésus-Christ, qui a tout accompli pour nous.

Dans Jean 3:16, nous lisons la promesse divine la plus puissante :

"Car Dieu a tant aimé le monde qu'il a donné son Fils unique, afin que quiconque croit en lui ne périsse point, mais qu'il ait la vie éternelle." (Jean 3:16)

L'accès au salut, au Royaume de Dieu, n'est possible que par Jésus-Christ. Toutes les œuvres humaines, aussi bonnes soient-elles, ne suffisent pas. C'est la foi en Lui, le Fils de Dieu, qui nous conduit au salut éternel.

CHAPITRE 2 : LES PIEGES DU CHEMIN LARGE AUJOURD'HUI

Le chemin large, décrit par Jésus dans Matthieu 7:13, est un chemin qui semble facile et attrayant pour le monde moderne. Il est caractérisé par une absence de restrictions, de règles claires et de vérités absolues. Au contraire, le sentier étroit est une voie exigeante qui demande un engagement profond envers la vérité divine, souvent en contraste avec les valeurs et principes dominants de la société. Aujourd'hui, ce chemin large se manifeste sous diverses formes dans notre monde moderne, où les repères moraux sont de plus en plus flous et où les comportements déviants sont souvent justifiés et même valorisés.

Dans ce chapitre, nous explorerons les pièges du chemin large qui sont particulièrement influents dans le contexte contemporain. Le relativisme moral, les dérives sociétales, la normalisation de pratiques condamnées par la Bible, ainsi que l'impact de la quête du gain facile sont tous des aspects clés de ce chemin large. Ces pièges ont non seulement affecté la société dans son ensemble, mais aussi les individus, notamment les jeunes générations. Le piège le plus insidieux de tous est sans doute la manière dont ces forces sociales et culturelles peuvent éloigner l'individu du sentier étroit et du salut en Christ.

Nous analyserons chaque aspect de ce chemin large, afin de comprendre comment ces influences éloignent les gens du véritable but de la vie chrétienne et comment elles mènent finalement à la perdition éternelle. Ce chapitre est une invitation à discerner ces pièges et à se rappeler que le chemin étroit, bien que difficile et exigeant, est la seule voie qui mène à la vie éternelle.

2.1 Relativisme moral : La montée des idéologies qui brouillent les repères divins

Le relativisme moral représente l'une des tendances les plus marquantes et pernicieuses de notre époque. Il repose sur l'idée que la vérité et les principes moraux ne sont pas absolus, mais varient en fonction des individus, des sociétés et des époques. En d'autres termes, chaque personne ou culture serait libre de définir ce qui est "bien" ou "mal" en fonction de ses propres préférences ou circonstances, sans référence à une norme morale universelle et immuable. Cette idéologie s'oppose directement à l'idée biblique de la vérité objective, révélée par Dieu et valable pour tous.

Le relativisme moral s'infiltre dans de nombreux aspects de la société, notamment en ce qui concerne les questions éthiques, sociales et religieuses. La montée en puissance des idéologies modernes, comme celles du choix de genre et du mouvement LGBTQ+, est l'une des manifestations les plus évidentes de cette dérive morale. Ces idéologies, qui défient l'enseignement biblique traditionnel sur la sexualité, l'identité et la famille, brouillent les repères divins en redéfinissant des concepts fondamentaux tels que le mariage, le sexe et le rôle des individus dans la société.

2.1.1 Le choix du sexe et le relativisme moral

Le relativisme moral se reflète particulièrement dans la question du genre, un sujet qui occupe une place centrale dans les débats contemporains. De plus en plus, on entend des voix s'élever pour affirmer que l'identité de genre n'est pas une donnée biologique ou divine, mais plutôt une construction personnelle et subjective. Selon cette vision, un individu serait libre de choisir son genre indépendamment de son sexe biologique, et cette "réalité subjective" devrait être respectée et validée par la société.

Cela va à l'encontre de la vérité biblique, qui enseigne que Dieu a créé l'homme et la femme à son image, avec des rôles et des identités précises (Genèse 1:27). La Bible ne reconnaît pas la possibilité d'un genre fluide ou interchangeable ; au contraire, elle affirme l'existence de deux genres distincts et complémentaires, basés sur la création divine. Cette conception a des conséquences profondes, non seulement sur la manière dont les individus se perçoivent, mais aussi sur la manière dont la société définit la famille, le mariage et les relations humaines.

Le relativisme moral introduit un danger majeur ici, en encourageant les individus à se définir en dehors du cadre divin, à chercher leur propre identité en dehors du plan de Dieu. En faisant du choix de genre un acte subjectif, la société propose de fausses solutions à des questions profondes sur l'identité humaine, qui devraient être comprises à la lumière de la création divine.

2.1.2 Le mouvement LGBTQ+ et l'érosion des valeurs morales

Le mouvement LGBTQ+ incarne également cette tendance au relativisme moral, particulièrement dans sa revendication de l'acceptation et de la légitimation des relations homosexuelles. Le relativisme moral soutient que les relations amoureuses et sexuelles ne devraient pas être limitées par des normes biologiques ou religieuses, mais plutôt par les désirs personnels des individus. Ainsi, ce qui était autrefois considéré comme immoral ou péché selon les enseignements bibliques est désormais souvent perçu comme un droit ou une expression légitime de la liberté individuelle.

Le mouvement LGBTQ+ revendique l'égalité des droits pour les personnes attirées par le même sexe, ainsi que pour les personnes dont l'identité de genre ne correspond pas à leur sexe biologique. Ces revendications ont profondément modifié les repères sociaux, notamment en matière de mariage, de parentalité et d'éducation des enfants. La reconnaissance légale des mariages homosexuels, par exemple, est devenue une norme dans de nombreuses sociétés, remettant en question les fondements bibliques du mariage, qui est défini comme l'union entre un homme et une femme (Genèse 2:24, Matthieu 19:4-6).

De plus, ce relativisme moral étend son influence dans les systèmes éducatifs, où de plus en plus d'enfants et d'adolescents sont exposés à des idées concernant l'orientation sexuelle et le genre qui ne correspondent pas aux principes bibliques. Dans certaines écoles, l'éducation sexuelle inclut désormais des discussions sur la fluidité du genre et l'acceptation de différentes orientations sexuelles, sans référence à la vérité biblique. Cette approche vis-à-vis de l'éducation sexuelle est une illustration parfaite de l'influence croissante du relativisme moral, qui propose de nouvelles normes sociales et culturelles, souvent en opposition directe avec les enseignements de l'Écriture.

2.1.3 L'érosion des valeurs morales

Au-delà des questions spécifiques de genre et de sexualité, le relativisme moral a également un impact plus large sur l'érosion des valeurs morales fondamentales dans la société. Des concepts tels que la vérité, la justice, l'intégrité, la pureté, et l'honnêteté sont de plus en plus relativisés, au point où chacun semble avoir le droit de définir ce qu'ils signifient. L'idée selon laquelle "tout est permis tant que cela ne nuit pas à autrui" est une philosophie courante dans un monde où la moralité est devenue une question de perspective personnelle.

Cela conduit à une situation où les péchés que la Bible condamne clairement, comme l'adultère, le mensonge, l'avidité, la jalousie et bien d'autres, sont désormais souvent perçus comme des erreurs humaines naturelles, que l'on peut comprendre et accepter, plutôt que des actions qui nécessitent repentance et changement. Cette érosion des valeurs bibliques entraîne une confusion croissante dans la société et fait perdre aux individus leur capacité à distinguer le bien du mal, la vérité du mensonge.

Le relativisme moral est l'une des forces les plus puissantes et subtiles du chemin large aujourd'hui. En effaçant les repères moraux divins, il crée un environnement où l'individu, libre de toute contrainte objective, devient le centre de sa propre vérité. Dans un tel monde, la tentation est grande de définir le bien et le mal selon des critères personnels et subjectifs, au détriment de la vérité absolue révélée par Dieu. Ce processus ne mène cependant qu'à la confusion et à la perdition, car, comme Jésus l'a dit :

"Vous connaîtrez la vérité, et la vérité vous rendra libres." (Jean 8:32)

Le chemin étroit est celui qui suit la vérité révélée par Dieu, sans compromis ni déviation. Le chemin large, en revanche, se perd dans le relativisme, en perdant de vue la vérité qui conduit à la vie éternelle.

2.2 Les dérives sociétales

Les dérives sociétales d'aujourd'hui, largement influencées par le relativisme moral, représentent des menaces sérieuses pour la stabilité de la société, en particulier en ce qui concerne l'éducation des enfants et les normes morales fondamentales. Ces dérives touchent à la fois l'éducation, la structure familiale, et l'intégrité des valeurs bibliques. Le chemin large, que nous avons abordé précédemment, s'étend ainsi au-delà de l'individu pour toucher les fondements même de la société.

2.2.1 L'impact sur les enfants et leur éducation

L'une des stratégies les plus subtiles du chemin large consiste à influencer les perceptions des enfants dès leur plus jeune âge. Les enfants, encore en formation, sont particulièrement vulnérables aux changements culturels et idéologiques. C'est dans cette phase de développement que les idées et les normes sont absorbées le plus facilement. Or, aujourd'hui, de nombreuses idées incompatibles avec la vérité biblique sont présentées dans le cadre de l'éducation publique et privée.

Par exemple, les programmes d'éducation sexuelle qui incluent des discussions sur la fluidité du genre, le transgenre, ou l'acceptation des orientations sexuelles multiples, viennent influencer les enfants de manière précoce. Les enfants sont incités à remettre en question leur identité de genre, sans que l'on leur présente la perspective biblique sur la création divine de l'homme et de la femme (Genèse 1:27). Ces enseignements ont pour but de normaliser les comportements sexuels qui, selon la Bible, sont condamnés comme étant des péchés, comme l'homosexualité ou la bisexualité (Romains 1:26-27). Le but n'est pas seulement de faire accepter ces comportements, mais de les intégrer dans la vie quotidienne des enfants de manière à ce qu'ils ne les remettent jamais en question. Le relativisme moral et le chemin large se renforcent ainsi par l'érosion des valeurs divines dans l'éducation des nouvelles générations.

Le danger d'un tel enseignement est double : non seulement il prive les enfants de la vérité de l'Évangile en matière de sexualité et de relations, mais il perturbe aussi leur compréhension de leur identité en Christ. Au lieu de s'identifier comme des créatures de Dieu, créées avec un but et un plan divins, les enfants sont poussés à croire qu'ils peuvent eux-mêmes définir qui ils sont. Ce flou et cette confusion dans leur identité peuvent entraîner des souffrances psychologiques profondes et une crise existentielle qui ne fait que s'aggraver à mesure qu'ils grandissent. Cela reflète l'importance d'un retour à l'enseignement biblique, non seulement dans les maisons mais aussi dans les écoles, pour préserver l'intégrité spirituelle des jeunes générations.

2.2.2 La normalisation de pratiques condamnées par la Bible

Une autre dérive inquiétante de notre époque est la normalisation de pratiques explicitement condamnées par les Écritures. Parmi celles-ci figurent l'homosexualité, la pédophilie et d'autres comportements sexuels déviants qui, autrefois, étaient largement rejetés par la société. Aujourd'hui, ces comportements sont souvent présentés comme des choix valables, et parfois même des "droits", que les individus doivent pouvoir exercer sans discrimination. Cette légitimation sociale et juridique a un impact profond sur la structure même de la société, en redéfinissant ce qui est moralement acceptable.

L'homosexualité, par exemple, a été légalisée dans de nombreux pays, et les mariages entre personnes de même sexe sont désormais reconnus dans les institutions civiles. Cette évolution est en grande partie le fruit de l'influence du relativisme moral et de l'idéologie LGBTQ+, qui considère les relations homosexuelles comme légitimes, en dépit de l'enseignement clair des Écritures sur le mariage entre un homme et une femme (Genèse 2:24, Matthieu 19:4-6). Le chemin large invite à accepter de telles pratiques, en encourageant la société à repenser ce que signifie vivre selon la volonté de Dieu. Cependant, selon la Bible, ces pratiques ne sont pas simplement des choix personnels, elles constituent des péchés qui nécessitent repentance et transformation (1 Corinthiens 6:9-11, Romains 1:26-27).

Un autre aspect particulièrement troublant est la tentative de normaliser la pédophilie. Cette déviation morale, bien qu'encore largement rejetée par la société, trouve des partisans parmi certains groupes qui prônent la suppression des barrières morales entre adultes et enfants. Cette dérive n'est pas nouvelle, mais elle s'intensifie avec l'acceptation croissante de l'idée selon laquelle les désirs sexuels des individus, peu importe leur nature, devraient être validés. Une fois encore, ce phénomène s'inscrit dans la logique du relativisme moral qui refuse de reconnaître des normes absolues sur la sexualité et les relations humaines. La Bible, pourtant, est très claire sur ce sujet, en condamnant toutes formes de déviances sexuelles, et surtout celles qui exploitent les vulnérabilités des plus jeunes (Matthieu 18:6, 1 Corinthiens 6:9-10).

Cela touche également certains milieux religieux où, malgré les enseignements de la Bible sur l'importance de la pureté, des scandales éclatent concernant l'abus sexuel des enfants. Ces scandales ont non seulement gravement porté atteinte à la crédibilité des institutions religieuses, mais ils montrent également que même dans les milieux censés être les plus protecteurs, le chemin large peut s'infiltrer et corrompre les valeurs divines.

Les dérives sociétales qui touchent aujourd'hui le monde chrétien, et la société dans son ensemble, sont le reflet d'un abandon des repères moraux divins. Le relativisme moral, soutenu par des idéologies modernes comme celles du genre et du mouvement LGBTQ+, brouille les frontières entre le bien et le mal et entraîne une normalisation de comportements que la Bible condamne clairement. Ces dérives, lorsqu'elles ne sont pas confrontées à la vérité biblique, mènent à une société sans repères, où le péché est accepté et les jeunes générations sont laissées dans l'ignorance de la volonté divine.

Le chemin large, qui propose de telles dérives, est une voie qui mène à la perdition. En revanche, le sentier étroit, celui de la vérité biblique, reste le seul qui mène à la vie éternelle, car il repose sur la justice et la vérité de Dieu. Nous devons, en tant que chrétiens, résister à ces influences et rester fermes dans notre appel à vivre selon la volonté de Dieu, en élevant les enfants dans la foi et la pureté, loin des pièges du chemin large.

2.3 Le Nouvel Ordre Mondial

Le terme « Nouvel Ordre Mondial » est souvent utilisé pour décrire un ensemble de transformations géopolitiques, économiques et culturelles qui redéfinissent l'équilibre mondial. Derrière cette expression se cache une réalité qui, bien que souvent perçue comme un phénomène politique, s'étend au-delà de la sphère géopolitique pour toucher des questions spirituelles fondamentales. Dans cette section, nous analyserons comment les pièges de l'idolâtrie moderne, notamment l'amour de l'argent, le pouvoir, les plaisirs éphémères et la recherche du gain facile, constituent des éléments du chemin large et éloignent les individus du sentier étroit qui conduit à la vie éternelle.

2.3.1 Les pièges de l'idolâtrie moderne : argent, pouvoir, plaisirs éphémères

Le Nouvel Ordre Mondial a favorisé la culture de l'idolâtrie moderne, où des éléments tels que l'argent, le pouvoir et les plaisirs éphémères sont élevés au rang de valeurs suprêmes. Dans ce contexte, le matérialisme devient un principe fondamental, incitant les individus à rechercher la satisfaction immédiate et à consacrer toute leur énergie à des objectifs éphémères. Ce phénomène est une manifestation claire de l'idolâtrie contemporaine, dont les conséquences spirituelles sont profondes.

1. L'argent comme idole

L'argent, aujourd'hui plus que jamais, occupe une place centrale dans la vie des individus, et sa quête incessante est devenue une source d'esclavage moderne. Le désir de richesse est désormais vu comme un objectif de vie légitime, souvent accompagné de la conviction que le bonheur et la sécurité dépendent uniquement de la possession matérielle. Jésus lui-même nous avertit contre cet amour de l'argent, qui est la racine de tous les maux (1 Timothée 6:10). L'idolâtrie de l'argent est une des plus grandes distractions du chemin étroit, car elle amène à rechercher la richesse et les biens terrestres, au détriment de la richesse spirituelle qui vient de Dieu.

De plus, la société moderne valorise les individus qui réussissent dans le domaine financier, créant un modèle de réussite basé uniquement sur l'acquisition de biens matériels. Cela éloigne les chrétiens du véritable but de leur existence : servir Dieu et honorer Sa volonté, plutôt que de se laisser mener par l'avidité et le désir de s'amasser des trésors sur terre (Matthieu 6:19-21).

2. Le Pouvoir comme Source d'Influence et de Contrôle

Dans la société contemporaine, le pouvoir est souvent perçu comme un outil qui permet de façonner les destinées, d'exercer une influence et de contrôler les masses. Cependant, lorsque ce pouvoir est recherché pour ses propres fins égoïstes ou pour manipuler les autres, il devient une forme d'idolâtrie. Ce phénomène est visible dans divers domaines, notamment dans les sociétés secrètes, la politique, les guerres et même certaines pratiques occultes, qui cherchent toutes à dominer les individus et à modeler les sociétés selon des principes déconnectés de la volonté de Dieu.

- **Les sociétés secrètes et les pratiques occultes**

Parmi les formes les plus subtiles et puissantes de recherche du pouvoir, on trouve les sociétés secrètes telles que la franc-maçonnerie, et les diverses formes de sorcellerie et d'occultisme. Ces organisations, souvent voilées de mystère, cherchent à influencer la politique, l'économie et les grandes décisions mondiales en agissant dans l'ombre. Leur but n'est pas seulement d'acquérir du pouvoir, mais de contrôler l'opinion publique, d'imposer une vision du monde qui s'oppose souvent à celle enseignée par la Bible.

Les francs-maçons, par exemple, croient en un idéal de fraternité, mais au cœur de leur doctrine réside un désir de domination spirituelle et temporelle qui remet en cause les principes chrétiens. Leur idée du "Grand Architecte de l'Univers" remplace la véritable connaissance de Dieu et de Sa souveraineté. En adhérant à ces sociétés, les membres se soumettent à une hiérarchie de contrôle qui les éloigne du Christ et de la vérité éternelle. De même, les pratiques de sorcellerie et d'occultisme recherchent un pouvoir surnaturel qui n'est pas donné par Dieu, mais par des forces démoniaques, en vue de manipuler les événements et les personnes.

Les Écritures sont claires : ceux qui cherchent à manipuler les puissances spirituelles au-delà de Dieu s'exposent à de grandes ténèbres et à la perdition (Deutéronome 18:10-12). La Bible appelle cela "l'idolâtrie" et avertit de ses conséquences fatales. Dans un monde où ces pratiques se propagent sous des formes diverses et de plus en plus acceptées, il devient crucial pour les chrétiens de se détourner de ces influences et de rester fermement ancrés dans la vérité biblique.

- **Le pouvoir politique et les guerres**

Le pouvoir politique est un autre domaine où la quête de contrôle devient un piège spirituel. L'histoire de l'humanité est jalonnée de luttes de pouvoir, de régimes tyranniques et de guerres menées pour dominer d'autres peuples. Aujourd'hui, bien que le monde ait évolué vers une forme plus démocratique de gouvernance, l'attrait du pouvoir absolu reste omniprésent. Les leaders politiques, qu'ils soient démocrates ou autocrates, sont souvent tentés d'utiliser le pouvoir pour contrôler les masses et imposer leur propre vision du monde.

Les guerres, qu'elles soient ouvertes ou subtiles, sont une manifestation de cette recherche insatiable du pouvoir. Elles sont souvent justifiées par des motifs idéologiques ou économiques, mais derrière elles se cachent des intérêts personnels et collectifs qui vont à l'encontre de la paix et de la volonté de Dieu. Le prophète Ésaïe rappelle que ceux qui cherchent à étendre leur pouvoir par la guerre ou l'injustice rencontrent la condamnation divine (Ésaïe 10:1-4). Le monde contemporain n'échappe pas à cette réalité, car des conflits tels que la guerre en Ukraine, les tensions au Moyen-Orient, ou les affrontements pour les ressources naturelles sont des exemples flagrants de la lutte pour le pouvoir à l'échelle mondiale.

Les politiques internationales actuelles, marquées par des alliances stratégiques et des jeux d'influence, rappellent la futilité de la quête humaine pour le pouvoir. Même ceux qui détiennent le pouvoir politique se retrouvent souvent dans des situations où leurs décisions sont dictées par des intérêts supérieurs, loin des principes de paix et de justice que Dieu enseigne. Ce pouvoir, qu'il soit spirituel ou temporel, devient une idole qui détourne les individus de la véritable source de leur salut : Jésus-Christ, qui est le Prince de la paix (Ésaïe 9:6).

- **Les plaisirs éphémères et la recherche du bonheur immédiat**

Le monde moderne est également caractérisé par une culture de consommation, où le plaisir immédiat et les distractions sont placés au centre de la vie humaine. L'alcool, les drogues, la pornographie, et les divertissements incessants deviennent des refuges pour ceux qui cherchent à fuir la réalité de la souffrance et des défis de la vie. Cependant, ce plaisir temporaire ne comble jamais le vide intérieur de l'âme et finit par mener à une destruction spirituelle (Proverbes 14:12).

La Bible nous enseigne que ceux qui se concentrent sur ces plaisirs passagers risquent de manquer la véritable joie qui vient du Seigneur. En recherchant des plaisirs qui ne durent qu'un temps, les individus oublient le chemin étroit qui mène à la paix et à la satisfaction éternelle en Christ (Hébreux 11:24-26).

2.3.2 L'attrait de la recherche du gain facile

Un autre piège majeur du chemin large est l'attrait du gain facile. Dans une société où la rapidité et l'efficacité sont souvent privilégiées, la tentation de rechercher des moyens rapides de s'enrichir, comme les jeux de hasard, les escroqueries ou les opportunités financières douteuses, est omniprésente. Ces pratiques séduisent de nombreuses personnes qui, fatiguées de travailler dur, espèrent que la chance ou un coup de chance leur offrira la richesse sans effort.

L'idée du gain facile est non seulement un piège financier, mais aussi un piège spirituel. La Bible nous enseigne que ceux qui cherchent la richesse rapide risquent de s'écarter des voies de la sagesse divine (Proverbes 13:11). Le gain facile est souvent accompagné de compromis moraux, de mensonges et de manipulations, car il repose sur des principes fondés sur l'égoïsme et l'individualisme, plutôt que sur la justice, l'intégrité et la vérité. La recherche du gain rapide détourne ainsi les croyants du sentier étroit, qui exige une persévérance constante et un engagement à honorer Dieu dans toutes les sphères de la vie.

2.3.4 Réflexion : Comment ces pièges éloignent du Sentier Étroit et mènent à la Perdition

Les pièges du pouvoir, qu'il soit politique, économique ou spirituel, sont des distractions qui éloignent les âmes du chemin étroit. Ce chemin est celui de la repentance, de l'humilité et de l'obéissance à Dieu, mais dans un monde qui recherche constamment plus de pouvoir, il devient de plus en plus difficile de rester sur cette voie.

La Bible nous avertit que "ceux qui veulent être riches tombent dans la tentation et dans le piège, et dans beaucoup de convoitises insensées et nuisibles" (1 Timothée 6:9). L'idolâtrie du pouvoir, qu'il soit sous forme de richesses, de contrôle politique ou de domination spirituelle, conduit à la perdition. Ces distractions rendent l'individu insensible aux appels de Dieu et engendrent une rébellion spirituelle, car celui qui cherche à dominer ou à être dominé par ces forces s'éloigne de la dépendance envers Dieu.

Il est crucial de comprendre que ce phénomène n'est pas nouveau. Les prophéties bibliques concernant la fin des temps parlent clairement de la montée de telles dérives (Matthieu 24:24, 2 Timothée 3:1-5). La Bible prédit que dans les derniers temps, beaucoup suivront des faux prophètes et des esprits séducteurs. Ces faux enseignements et ces pièges spirituels, souvent déguisés sous des apparences de succès et de pouvoir, éloignent les âmes du sentier étroit.

Cependant, bien que ces réalités prophétiques soient inévitables et qu'elles fassent partie du plan divin pour la fin des temps, notre prière et notre mission doivent être de sauver autant d'âmes que possible de cette perdition. Nous ne pouvons pas arrêter les événements mondiaux, mais nous pouvons, par notre témoignage et nos actions, inviter les autres à éviter ces pièges et à choisir la voie étroite qui mène à la vie éternelle. Comme le dit Jésus dans Matthieu 7:13-14, "Entrez par la porte étroite; car large est la porte et spacieuse est la route qui mène à la perdition, et il y en a beaucoup qui y entrent. Mais étroite est la porte et resserrée la route qui mène à la vie, et il y en a peu qui la trouvent."

En tant que chrétiens, nous sommes appelés à rester vigilants, à ne pas céder aux tentations du pouvoir et à garder nos yeux fixés sur Jésus, qui est le seul chemin, la vérité et la vie (Jean 14:6). Que notre prière constante soit que Dieu nous aide à rester sur le sentier étroit, à guider ceux qui nous entourent sur ce même chemin, et à éviter les pièges de ce monde qui mènent à la perdition.

CHAPITRE 3 : LES FONDEMENTS DU SENTIER ÉTROIT

L'appel à emprunter le sentier étroit que Jésus décrit dans Matthieu 7:13-14 n'est pas un appel à une simple voie morale ou une tradition religieuse, mais un chemin spirituel, marqué par des principes divins qui contrastent fortement avec le monde et ses séductions. Dans ce chapitre, nous explorerons les fondements qui soutiennent ce sentier étroit, des éléments essentiels qui guident le croyant vers la vie éternelle.

Nous verrons que le chemin étroit repose sur une foi véritable, un renoncement à soi-même, ainsi qu'une marche continue selon l'Esprit. Ces principes sont indissociables du chemin que Jésus nous invite à suivre et sont essentiels pour éviter les pièges du monde et vivre pleinement la volonté de Dieu.

3.1 La foi comme base essentielle (Éphésiens 2:8-9)

La foi est le fondement inébranlable du sentier étroit. Sans elle, il est impossible d'entrer dans la voie du salut, et encore moins de la suivre jusqu'à la vie éternelle. L'apôtre Paul, dans Éphésiens 2:8-9, nous enseigne que "c'est par la grâce que vous êtes sauvés, par le moyen de la foi, et cela ne vient pas de vous, c'est le don de Dieu ; ce n'est pas par les œuvres, afin que personne ne se glorifie." Ces versets sont au cœur de la doctrine chrétienne du salut, et ils dévoilent plusieurs vérités théologiques fondamentales sur la nature de la foi et du salut.

3.1.1 La foi comme réponse à la grâce de Dieu

La foi n'est pas une œuvre humaine, ni un effort que nous accomplissons pour nous sauver. Elle est la réponse de l'homme à la grâce de Dieu, qui est l'initiative divine dans l'histoire du salut. La grâce de Dieu est ce don immérité par lequel Dieu, dans son amour infini, offre à l'humanité la possibilité de réconciliation et de vie éternelle, malgré son état de péché. Ce don de grâce est le fondement du salut, mais il ne devient effectif dans la vie d'un individu que lorsqu'il y répond par la foi.

La foi est donc un acte de réception de ce don, et non une récompense pour nos efforts. La théologie de la grâce seule (sola gratia) affirme que le salut n'est pas un prix que l'on gagne par des efforts personnels ou des bonnes actions, mais qu'il est donné gratuitement par Dieu. Cette grâce divine, rendue pleinement manifeste en Jésus-Christ, nous est accordée pour nous pardonner, nous transformer et nous conduire à la vie éternelle.

3.1.2 La foi, un moyen de salut, pas une œuvre humaine

La foi est aussi un moyen par lequel nous recevons le salut, mais ce n'est pas une œuvre humaine que nous accomplissons pour être sauvés. Paul insiste sur ce point dans l'épître aux Éphésiens : "cela ne vient pas de vous, c'est le don de Dieu ; ce n'est pas par les œuvres." Le salut ne repose pas sur notre capacité à accomplir des rites, à observer des lois religieuses ou à faire des bonnes œuvres. Il repose uniquement sur l'acceptation de ce que Dieu a déjà fait en Christ. La foi est donc l'acte de se reposer entièrement sur Dieu et sur ce que Jésus a accompli pour nous sur la croix.

Cela soulève une question théologique importante : qu'est-ce qui distingue la foi des œuvres ? Les œuvres, par définition, sont les actions que nous faisons pour nous rendre dignes d'une récompense. Mais la foi n'est pas une œuvre dans ce sens. La foi est une confiance totale et absolue en l'œuvre parfaite de Christ. Elle n'est pas l'effort que nous déployons pour obtenir quelque chose, mais la réception de ce qui nous est donné gratuitement.

3.1.3 La foi et l'œuvre parfaite de Christ

Le rôle central de la foi est d'unir le croyant à Jésus-Christ, celui qui est la source de notre salut. C'est par la foi que nous recevons Jésus comme Seigneur et Sauveur, et que nous devenons participants à Son œuvre de rédemption. Dans l'Épître aux Romains, Paul souligne que c'est "en croyant en lui que nous recevons la justification" (Romains 5:1). La foi nous fait entrer dans une relation vivante avec le Christ ressuscité, qui est notre vie. Elle est le véhicule par lequel nous nous approprions personnellement l'œuvre de salut de Jésus.

Ce salut, bien que gratuit, a un prix extrêmement élevé : celui de la vie de Jésus sur la croix. C'est un mystère profond que Dieu, en Son amour infini, ait envoyé Son Fils unique pour mourir à notre place. Par la foi, nous acceptons cette œuvre, et c'est par elle que nous recevons la nouvelle naissance, c'est-à-dire la transformation intérieure opérée par l'Esprit Saint.

3.1.4 La foi, source de vie nouvelle et de sanctification

La foi n'est pas une étape ponctuelle de notre vie chrétienne, mais elle est le début d'un processus continu. Par la foi, nous recevons la nouvelle naissance, mais c'est aussi par la foi que nous sommes sanctifiés et que nous marchons dans la volonté de Dieu. Ce processus de sanctification est essentiel dans le sentier étroit, car il nous permet de vivre selon les principes de Dieu et de refléter Son caractère.

La sanctification ne signifie pas seulement que nous sommes mis à part pour Dieu, mais aussi que nous sommes transformés de manière progressive à l'image de Christ. La foi joue un rôle central dans ce processus. Elle nous permet de croire en la promesse de Dieu que nous pouvons vivre une vie sainte, même au milieu des difficultés du monde. Jésus dit dans Jean 14:12, "Celui qui croit en moi fera aussi les œuvres que je fais." La foi nous conduit à vivre selon l'exemple de Jésus, à marcher dans l'Esprit et à honorer Dieu en toutes choses.

3.1.5 Le rôle de la foi dans le salut éternel

Le salut éternel est le but ultime de la foi. La vie éternelle n'est pas un simple prolongement de la vie terrestre, mais une qualité de vie qui commence dès maintenant et s'étend à la plénitude de l'âge à venir. Jésus lui-même déclare dans Jean 17:3, "C'est ici la vie éternelle : qu'ils te connaissent, toi, le seul vrai Dieu, et celui que tu as envoyé, Jésus-Christ." La foi nous permet de connaître Dieu de manière intime et personnelle, et cette connaissance est la base de la vie éternelle.

La vie éternelle est donc une relation vivante et dynamique avec Dieu, fondée sur la foi en Jésus-Christ. C'est par la foi que nous recevons la promesse de la vie éternelle, et c'est par la foi que nous continuons à grandir dans cette relation, en restant fermes sur le sentier étroit jusqu'à ce que nous soyons pleinement glorifiés en Christ.

La foi est la base essentielle du sentier étroit. Elle est la réponse à la grâce de Dieu et l'outil par lequel nous accédons à la vie éternelle. Elle nous fait entrer dans une relation vivante avec Dieu et nous transforme progressivement à l'image de Christ. Sur ce chemin étroit, la foi ne consiste pas à compter sur nos propres œuvres ou mérites, mais à nous reposer sur ce que Jésus a fait pour nous. Elle nous conduit à une vie de sanctification, marquée par la dépendance totale à Dieu et la confiance en Sa parole.

Que chaque croyant, en empruntant ce chemin étroit, puisse trouver sa force non dans ses propres efforts, mais dans la foi en l'œuvre parfaite de Christ, qui est le seul fondement sur lequel nous pouvons être assurés d'arriver à la vie éternelle.

3.2 Le renoncement à soi-même et le port de sa croix (Luc 9:23)

Dans l'Évangile selon Luc, Jésus fait une déclaration radicale qui définit le véritable disciple : « Si quelqu'un veut venir après moi, qu'il se renonce lui-même, qu'il prenne sa croix chaque jour et qu'il me suive » (Luc 9:23). Cette parole, très claire et sans équivoque, met en lumière deux éléments essentiels de la vie chrétienne sur le sentier étroit : le renoncement à soi-même et le port de sa croix. Ces deux impératifs sont essentiels pour qu'un chrétien puisse suivre Jésus dans la voie de la vie éternelle.

3.2.1 Le renoncement à soi-même : une condition indispensable pour suivre Jésus

Le renoncement à soi-même ne consiste pas simplement en une série d'actes de négation ou de privation physiques, mais touche le cœur profond de l'individu, c'est-à-dire son orgueil, son désir de contrôle, et son aspiration à être maître de sa propre vie. C'est un abandon complet de l'autosuffisance, une soumission totale à la volonté divine.

Dans la culture moderne, ce principe va à l'encontre des valeurs dominantes de l'individualisme et de l'autosuffisance. Le monde nous pousse à nous valoriser, à rechercher notre propre gloire, à défendre nos intérêts personnels avant tout. Cependant, Jésus nous invite à renoncer à cette perspective. Le renoncement à soi-même implique que nous cessons de nous voir comme des êtres indépendants, et que nous reconnaissons notre dépendance totale envers Dieu. Ce renoncement est une mise en pratique de l'humilité. Jésus, en tant qu'exemple parfait de ce renoncement, nous enseigne que la véritable grandeur se trouve dans le service et non dans la domination.

Le renoncement à soi-même inclut également un changement radical dans nos priorités. L'individu qui renonce à lui-même cesse de vivre pour ses propres plaisirs et désirs, et commence à vivre pour Dieu et pour les autres. Cela s'accompagne souvent de sacrifices personnels, mais ces sacrifices sont nécessaires pour entrer pleinement dans le royaume de Dieu. L'aspiration à une vie confortable et égoïste est remplacée par un désir profond d'obéir à Dieu et de suivre l'exemple de Jésus.

3.2.2 Le port de la croix : un appel à souffrir pour Christ

Le port de la croix est un autre aspect fondamental de la vie chrétienne. Dans le contexte de Luc 9:23, la croix représente la souffrance, la persécution, et l'humiliation auxquelles le chrétien doit s'attendre lorsqu'il suit Jésus. Jésus lui-même a porté une croix, et cela a été un acte de sacrifice ultime pour l'humanité. En nous appelant à porter notre croix, Il nous demande de participer à Sa souffrance, de partager Son fardeau et de prendre sur nous les difficultés qui viennent avec la fidélité à Dieu.

Le port de la croix est souvent interprété dans un sens spirituel, mais il peut également avoir des implications très concrètes. Cela signifie parfois être rejeté par le monde ou par nos proches, faire face à l'incompréhension, à la moquerie, ou même à la persécution. Les croyants doivent être prêts à tout sacrifier pour suivre Jésus, y compris leur réputation, leur sécurité, et parfois même leur vie.

Cela ne signifie pas que le chrétien cherche la souffrance ou qu'il doit rechercher la douleur pour le simple plaisir d'éprouver sa foi. Cependant, la souffrance fait partie de l'expérience chrétienne, car Jésus a averti que "dans le monde vous aurez des tribulations" (Jean 16:33). Mais Il nous dit également de ne pas craindre, car Il a vaincu le monde. Le port de la croix est un acte de foi, un engagement de marcher avec

Jésus même dans la douleur et l'épreuve, en sachant qu'il y a une gloire à venir pour ceux qui persévèrent jusqu'à la fin.

3.2.3 Le port de la croix chaque jour : une décision quotidienne

Le texte de Luc 9:23 précise que le disciple doit "prendre sa croix chaque jour". Cela nous rappelle que le chemin de discipleship n'est pas une décision ponctuelle, mais un engagement quotidien. Chaque jour, nous devons renoncer à nous-mêmes et choisir de suivre Jésus, malgré les défis et les tentations qui se présentent à nous.

Cette dimension quotidienne du port de la croix est particulièrement importante dans un monde où les distractions sont nombreuses et où la tentation de vivre selon la chair est toujours présente. Le chrétien doit, chaque jour, renouveler sa consécration à Dieu, se détourner des plaisirs éphémères, et choisir la voie de la sainteté. Le renoncement et le port de la croix ne sont pas des actes passifs, mais des décisions conscientes et intentionnelles. C'est dans cette fidélité quotidienne que le chrétien grandit dans sa relation avec Dieu et devient plus semblable à Christ.

3.2.4 Le renoncement et la croix : la voie de la liberté véritable

Contrairement à ce que le monde peut penser, la voie du renoncement et du port de la croix n'est pas une voie de misère ou de fardeau insupportable. Jésus, dans Matthieu 11:28-30, nous invite à venir à Lui et à prendre Son joug, qui est facile et léger. Le renoncement à soi-même et le port de la croix ne sont pas une fin en soi, mais une voie vers une plus grande liberté. En renonçant à notre volonté propre, nous nous ouvrons à la volonté de Dieu, qui est toujours bonne, agréable et parfaite. En portant notre croix, nous découvrons la véritable joie, qui ne dépend pas des circonstances extérieures, mais d'une communion intime avec Dieu.

La croix, au final, est le moyen par lequel nous expérimentons la victoire de Jésus. C'est en mourant à nous-mêmes que nous vivons pleinement pour Dieu, et c'est par ce sacrifice que nous entrons dans une vie nouvelle, une vie abondante et éternelle.

Le renoncement à soi-même et le port de la croix sont deux principes essentiels du chemin étroit. Ils représentent un choix radical de vie, celui de suivre Jésus, de vivre selon Ses principes et de porter les fardeaux du monde avec Lui. Ce n'est pas un chemin facile, mais c'est le seul chemin qui mène à la véritable liberté et à la vie éternelle. En renonçant à nos désirs égoïstes et en portant notre croix chaque jour, nous participons à l'œuvre de rédemption que Jésus a accomplie pour nous, et nous devenons plus profondément unis à Lui. Que chaque croyant prenne courage, sachant que ce chemin étroit est celui qui mène à la gloire, à la victoire et à la vie éternelle en Christ.

3.3 Marcher selon l'Esprit pour éviter les pièges du monde (Galates 5:16-25)

Dans sa lettre aux Galates, l'apôtre Paul exhorte les croyants à marcher selon l'Esprit afin de ne pas satisfaire les désirs de la chaise. Ce passage central (Galates 5 : 16-25) met en évidence le contraste entre les œuvres de la chaise et les fruits de l'Esprit. Il invite à une vie transformée, guidée par la présence de l'Esprit de Dieu, comme condition essentielle pour rester sur le sentier étroit et éviter les pièges du monde.

3.3.1 Marcher selon l'Esprit : Une conduite inspirée par Dieu

"Marcher selon l'Esprit" signifie vivre sous l'influence et la direction de l'Esprit Saint. Cela implique une soumission quotidienne à Sa volonté et une dépendance totale à Sa puissance. Contrairement à une vie guidée par les impulsions humaines ou les normes culturelles, une marche selon l'Esprit conduit le croyant à une vie en harmonie avec Dieu.

L'Esprit Saint, qui habite en chaque croyant, agit comme une boussole spirituelle, orientant nos pensées, nos décisions et nos actions. Paul enseigne que l'Esprit lutte contre les désirs de la chaise, qui cherche constamment à nous détourner de Dieu. Cette tension entre la chair et l'Esprit est un combat spirituel quotidien, et marcher selon l'Esprit est la clé pour vivre une vie victorieuse.

3.3.2 Les pièges du monde et la lutte contre la chair

Le monde offre une multitude de pièges qui séduisent la chair, comme l'orgueil, la convoitise, et la recherche de plaisirs éphémères. Ces pièges, bien que souvent présumés, conduisent à la destruction spirituelle. Paul énumère les œuvres de la chair dans Galates 5:19-21 : « immoralité sexuelle, impureté, libertinage, idolâtrie, sorcellerie, inimitiés, querelles, jalousies, colères, rivalités, divisions, sectes, envies, ivrogneries, orgies, et choses semblables. » Ces comportements sont incompatibles avec la vie dans l'Esprit et sont des obstacles majeurs sur le chemin qui mène à Dieu (Le Sentier Etroit).

Le croyant, confronté à ces tentations, ne peut les vaincre par ses propres forces. C'est pourquoi Paul insiste sur la nécessité de marcher selon l'Esprit, qui seul peut nous donner la victoire sur les désirs de la chair. L'Esprit nous rend conscients des dangers spirituels et nous donne la force de dire non à ce qui est contraire à la volonté de Dieu.

Exemple contemporain : La discipline dans un monde d'excès

Aujourd'hui, marcher selon l'Esprit peut se traduire par résister à l'esprit de consommation, à la recherche effrénée de plaisirs ou à l'individualisme. Par exemple, face à l'attrait des réseaux sociaux (tik-tok-facebook-instagram…) qui alimentent la comparaison, la jalousie ou l'orgueil, marcher selon l'Esprit pourrait signifier consacrer ce temps à la prière, à l'étude biblique, à l'évangélisation ou aux œuvres de charité.

3.3.3 Les fruits de l'Esprit : Une vie transformée

En opposition aux œuvres de la chair, Paul présente les fruits de l'Esprit : « amour, joie, paix, patience, bonté, bienveillance, fidélité, douceur, maîtrise de soi » (Galates 5, 22-23). Ces fruits ne sont pas le résultat d'un effort humain, mais la manifestation naturelle de la présence de l'Esprit dans la vie du croyant. Ils transmettent le caractère du Christ et sont les marques d'une vie sur le sentier étroit.

Chaque fruit de l'Esprit joue un rôle clé dans la marche chrétienne :

- **L'amour** est central, car il est la source et le résumé des autres fruits.

- **La joie** transcende les circonstances terrestres et donne une assurance intérieure.

- **La paix** garde le croyant calme et confiant, même au milieu des tempêtes.

- **La patience** et **la bonté** renforcent les relations avec les autres.

- **La bonté** et **la bienveillance** : des attitudes généreuses envers les autres.

- **La fidélité** : une vie de loyauté envers Dieu et Ses commandements.

- **La douceur** : une humilité et une maîtrise dans les relations avec les autres.

- **La maîtrise de soi** : la capacité de résister aux impulsions de la chair.

Ces fruits permettent au chrétien de résister aux tentations et d'éviter les pièges du monde, car ils ramènent à une vie alignée sur Dieu.

Exemple contemporain : Témoignage d'une vie changée

Un homme comme Nicky Cruz, ancien chef de gang devenu évangéliste, illustre parfaitement la transformation des fruits de l'Esprit. Après sa conversion sous le ministère de David Wilkerson, Cruz a vu sa vie radicalement changée, passant de la violence et du chaos à une vie d'amour, de paix et de service à Dieu.

3.3.4 Le rôle de l'Esprit dans le discernement

Marcher selon l'Esprit signifie également développer un discernement spirituel. Le croyant doit être capable de distinguer la vérité des mensonges du monde. L'Esprit Saint illumine notre esprit par la Parole de Dieu, qui est une lampe à nos pieds (Psaume 119 : 105). Le discernement est un don essentiel pour marcher selon l'Esprit, car il permet de distinguer la vérité du mensonge et d'identifier les pièges spirituels. Jésus a promis que le Saint-Esprit guiderait les croyants dans toute la vérité : « Quand le consolateur sera venu, l'Esprit de vérité, il vous conduira dans toute la vérité » (Jean 16, 13).

Exemple de discernement chez des hommes de foi et des leaders

- **Joseph en Égypte** : Inspiré par Dieu, il a discerné la famine imminente et a conçu un plan de salut pour l'Égypte et les nations environnantes (Genèse 41).

- **Daniel à Babylone** : Daniel, rempli de l'Esprit de Dieu, a interprété les rêves de Nebucadnetsar et a guidé le roi sur des questions cruciales (Daniel 2:20-23).

- **Martin Luther King Jr.** : Pasteur et leader des droits civiques, il a discerné que l'appel de Dieu pour son époque était de lutter pour l'égalité raciale sans violence, en s'appuyant sur les principes bibliques d'amour et de justice.

Aujourd'hui, les pièges du monde sont souvent déguisés en opportunités ou en droits. Par exemple, les philosophies humanistes et matérialistes séduisent en promettant liberté et épanouissement, mais elles mènent souvent à un vide spirituel. Le chrétien qui marche selon l'Esprit peut voir au-delà des apparences et choisir la voie qui honore Dieu (Romains 12 : 2).

3.3.5 Une marche en communauté

Marcher selon l'Esprit n'est pas seulement une expérience individuelle ; c'est aussi une marche en communauté. L'église, en tant que corps de Christ, joue un rôle essentiel dans l'encouragement mutuel et la correction fraternelle. Les croyants sont appelés à porter les fardeaux les uns des autres (Galates 6:2) et à s'exhorter à rester fidèles sur le sentier étroit.

L'isolement est souvent une stratégie utilisée par l'ennemi pour égarer les croyants. Mais dans une communauté remplie de l'Esprit, les croyants peuvent s'entraider pour surmonter les tentations et grandir ensemble dans la foi.

- **L'assurance de la victoire par l'Esprit**

Paul rappelle cette assurance en affirmant : « Mais dans toutes ces choses, nous sommes plus que vainqueurs par celui qui nous a aimés »

(Romains 8 :37). L'Esprit Saint non seulement nous guide, mais Il nous fortifie pour surmonter les défis.

Application pratique de la victoire par l'Esprit

1. **La prière quotidienne** : En cultivant une relation intime avec Dieu, le croyant reçoit des forces pour rester fidèle dans les épreuves (Philippiens 4 :6-7).
2. **L'étude des Écritures** : La Parole de Dieu est une arme puissante contre les tentations. Jésus Lui-même a vaincu Satan en désincarné : « Il est écrit » (Matthieu 4:4-10).
3. **La communion avec d'autres croyants** : Une église solide offre un soutien et une redevabilité nécessaire pour marcher selon l'Esprit (Hébreux 10:24-25).
4. **Le témoignage** : Partager sa foi renforce l'assurance de sa propre marche et encourager les autres à rester sur le sentier étroit.

Exemple contemporain : Les défis de la foi dans un monde hostile

Des figures comme Richard Wurmbrand, fondateur de *The Voice of the Martyrs* , montrent comment marcher selon l'Esprit donne la victoire même dans les pires persécutions. Emprisonné et torturé pour sa foi, Wurmbrand a continué à prêcher l'Évangile à ses geôliers, trouvant force et victoire dans l'Esprit de Dieu.

L'assurance de la victoire par l'Esprit ne signifie pas une vie sans souffrances, mais une certitude que, quelles que soient les épreuves, Dieu travaille pour notre bien et pour Sa gloire (Romains 8 : 28).

En fin, marcher selon l'Esprit est une nécessité absolue pour éviter les pièges du monde et rester sur le sentier étroit. Cela exige une soumission totale à Dieu, une dépendance constante à l'Esprit, et une vigilance face aux tentations. Mais cette marche conduit à une vie de victoire, marquée par la manifestation des fruits de l'Esprit, qui témoigne de la présence du Christ en nous. Que chaque croyant fasse de cette marche une priorité quotidienne, sachant que l'Esprit nous conduit vers la vie éternelle, loin des pièges du chemin large.

CHAPITRE 4 : ÉDUQUER LES GENERATIONS FUTURES POUR LE SENTIER ÉTROIT

Le monde d'aujourd'hui regorge de défis spirituels et moraux qui mettent en péril les générations futures. L'éducation ne peut plus se limiter aux disciplines académiques ou aux simples principes moraux ; elle doit impérativement inclure une formation spirituelle solide pour guider les enfants et les jeunes sur le sentier étroit. La Bible avec un accent particulier sur l'importance d'instruire les enfants selon les principes divins. Proverbes 22:6 déclare : *« Instruis l'enfant selon la voie qu'il doit suivre ; et quand il sera vieux, il ne s'en détournera pas.»*

Nous vivons à une époque où les idéologies contraires à la Parole de Dieu, telles que le relativisme moral, l'hyper individualisme et les pratiques déviantes, ciblent sélectivement les jeunes esprits. Ces idéologies ne cherchent pas seulement à influencer, mais à transformer profondément leur perception du bien et du mal, les éloignant ainsi des valeurs divines. La responsabilité d'éduquer spirituellement repose sur plusieurs piliers : la famille, les communautés ecclésiales, et chaque croyant engagé.

J'ai personnellement à cœur de voir les jeunes marcher sur le sentier étroit, non seulement pour leur salut, mais aussi pour qu'ils soient des témoins et des agents de lumière dans un monde obscurci par l'égarement spirituel. Depuis plusieurs années, mon ministère s'est investi dans l'éducation dès le bas âge, convaincu que c'est à cet instant que les bases solides doivent être posées pour contrer les mensonges de l'ennemi. Cette œuvre ne concerne pas seulement le présent, mais façonne aussi l'avenir de l'église et de la société.

Dans ce chapitre, nous allons explorer pourquoi il est vital d'éduquer les générations futures dans la voie du Seigneur, comment les enfants peuvent être formés pour discerner la vérité divine et résister aux séductions du monde, et en quoi l'exemple des parents et des leaders spirituels jouent un rôle crucial. Jésus Lui-même a souligné cette mission lorsqu'Il a dit : *« Celui qui scandalisera un de ces petits qui croient en moi, il vaudrait mieux pour lui qu'on suspende à son cou une meule de moulin et qu'on le jette dans la mer »* (Marc 9, 42).

L'éducation spirituelle n'est pas seulement un outil de préservation, mais un investissement dans l'avenir spirituel de l'Église et du Royaume de Dieu. Ce chapitre est un appel à nous lever et à prendre à cœur cette mission divine.

4.1 L'importance de l'éducation spirituelle dès le bas âge (Proverbes 22:6)

Proverbes 22:6 déclare : *« Instruis l'enfant selon la voie qu'il doit suivre ; et quand il sera vieux, il ne s'en détournera pas. »* Ce verset est une déclaration profonde sur la puissance de l'éducation spirituelle précoce. En tant que parents, mentors ou leaders spirituels, Dieu nous confie la mission de poser des bases solides dans la vie des enfants pour les guider sur le sentier étroit. Décortiquons ce point en profondeur.

4.1.1 Les raisons théologiques de l'éducation spirituelle précoce

L'éducation spirituelle des enfants ne repose pas uniquement sur un impératif moral, mais sur une responsabilité divine :

- **Dieu comme source de toute sagesse :** Dès leur plus jeune âge, les enfants doivent être dirigés vers Dieu, la source ultime de sagesse (Psaumes 111:10).

- **L'importance de l'adoration dès l'enfance :** Jésus a déclaré : *« Laissez les petits enfants venir à moi »* (Matthieu 19 :14). Ces mots montrent la place particulière que les enfants occupent dans le Royaume de Dieu et l'importance de leur accès direct à lui dès le plus jeune âge.

- **Le rôle des parents comme premiers éducateurs spirituels :** Dans Deutéronome 6:6-7, Dieu commande aux parents de transmettre les commandements à leurs enfants en toutes circonstances : *« Tu les inculqueras à tes enfants, et tu en parleras quand tu seras dans ta maison, quand tu iras en voyage, quand tu te coucheras, et quand tu te lèveras. »*

Ces passages soulignent l'importance de former les enfants pour qu'ils puissent grandir avec des valeurs centrées sur Dieu.

4.1.2. Le rôle critique des premières années

Les premières années de vie d'un enfant sont cruciales pour former son caractère, son esprit et sa vision du monde.

- **Période de formation durable :** Ce que les enfants appris dans leur jeunesse restent ancré en eux tout au long de leur vie. La Bible le confirme : *« Quand il sera vieux, il ne s'en détournera pas »* (Proverbes 22:6).

- **Fenêtre de plasticité spirituelle :** Les enfants sont particulièrement réceptifs à la vérité divine dans leur innocence. L'absence d'éducation spirituelle les expose davantage aux influences négatives du monde, telles que les idéologies contraires à la foi chrétienne.

- **Établir un amour pour la vérité :** Enseigner les principes de Dieu aux enfants dès leur jeune âge les aider à discerner la vérité des mensonges, à reconnaître le bien du mal et à marcher avec assurance sur le sentier étroit.

4.1.3 Les dangers d'une éducation spirituelle négligée

Lorsque l'éducation spirituelle est mise de côté, les conséquences peuvent être désastreuses :

- **Vulnérabilité aux influences du monde :** Les enfants qui ne sont pas ancrés dans la Parole de Dieu peuvent être facilement séduits par les idéologies modernes, comme le relativisme moral ou la quête effrénée de plaisirs éphémères.

- **Confusion identitaire :** Dans un monde où des idéologies contraires à la foi chrétienne (choix du sexe, LGBTQ+, etc.) sont activement promues, les enfants sans fondements bibliques risquent de perdre leur boussole morale.

- **Perte de la foi à l'âge adulte :** Des études montrent qu'un grand nombre de jeunes abandonnent la foi chrétienne à l'âge adulte faute d'avoir reçu une instruction spirituelle constante et solide dans leur enfance.

4..1.4 Exemples bibliques d'éducation spirituelle réussie

La Bible regorge d'exemples de figures spirituelles ayant bénéficié d'une éducation pieuse dès leur jeunesse :

- **Timothée :** Paul aime la foi transmise à Timothée par sa grand-mère Loïs et sa mère Eunice (2 Timothée 1:5). Ce cadre familial pieux a permis à Timothée de devenir un fidèle serviteur de Dieu.

- **Samuel :** Dès son enfance, Samuel a été consacré au service de Dieu par sa mère, Anne (1 Samuel 1:27-28). Cette éducation l'a préparé à devenir un grand prophète d'Israël.

Ces exemples démontrent que les enfants exposés à une éducation dès spirituellement leur jeunesse deviennent souvent des piliers dans l'œuvre de Dieu.

4.1.5 Les moyens pratiques d'une éducation spirituelle efficace

Pour que l'éducation spirituelle soit fructueuse, elle doit être intentionnelle et cohérente :

- **La prière en famille :** Enseigner aux enfants à prier les connecter directement à Dieu. Les parents doivent prier avec leurs enfants pour leurs besoins, leurs décisions et leurs bénédictions.

- **L'étude régulière de la Bible :** Des récits comme Noé, David, ou Jésus lui-même offrent des leçons profondes sur l'obéissance, le courage et la foi.

- **L'adoration communautaire :** Encourager les enfants à participer activement au culte renforce leur sentiment d'appartenance à la communauté chrétienne.

- **L'exemple parental :** Les enfants apprennent davantage en observant la foi de leurs parents. Un parent qui montre une dévotion sincère inspire son enfant à imiter cette relation avec Dieu.

4.1.6 L'éducation spirituelle face aux défis modernes

Aujourd'hui, les systèmes éducatifs et les médias véhiculent souvent des messages contraires à la foi chrétienne. Par exemple :

- Les écoles introduisent parfois des programmes normalisant des comportements contraires à la morale chrétienne.

- Les plateformes numériques exposent les enfants à des contenus nuisibles, influençant leur perception des valeurs morales.

Des mouvements comme les clubs bibliques dans les écoles ou les programmes d'éducation chrétienne dans les églises jouent un rôle vital pour contrer ces influences en inculquant des valeurs bibliques dès le bas âge.

Témoignages contemporains d'enfants devenus des adultes modèles

1. Samuel Morris (1873-1893)

Bien qu'il soit un exemple historique, l'histoire de Samuel Morris reste une source d'inspiration pour notre époque. Issu d'une tribu en Afrique, Samuel a été converti au christianisme après avoir expérimenté une délivrance miraculeuse grâce à la prière. Il a été formé dans la foi dès son jeune âge par des missionnaires et est devenu une source d'inspiration pour des milliers de chrétiens aux États-Unis. Sa vie montre comment une base spirituelle solide, même dans des circonstances difficiles, peut mener à une influence mondiale.

Tim Tebow (1987-)

Tim Tebow, athlète chrétien et ancien joueur de football américain, est un témoignage vivant de l'impact de l'éducation spirituelle dès l'enfance. Né de parents missionnaires aux Philippines, Tim a grandi dans un foyer profondément ancré dans la Parole de Dieu. Aujourd'hui, il est non seulement un athlète reconnu, mais aussi un orateur et philanthrope qui utilise sa plateforme pour partager l'Évangile. Son fondement spirituel, posé dès son enfance, a orienté ses choix de vie et sa manière de gérer le succès et les défis.

3. Sadie Robertson Huff (1997-)

Issue de la famille de l'émission *Duck Dynasty* , Sadie a été élevée dans un environnement chrétien où la foi occupait une place centrale. Malgré la pression médiatique, elle est devenue une auteure à succès et une porte-parole pour sa génération, encourageant les jeunes à vivre selon la foi chrétienne. Ses parents ont joué un rôle clé en la guidant dans ses décisions et en la protégeant des influences nuisibles du monde.

<u>Témoignages d'enfants ayant dévié malgré une éducation chrétienne</u>

1. Jotta A (né en 1997)

Jotta A, ancien enfant prodige de la musique gospel brésilienne, est un exemple d'enfant ayant grandi dans un cadre chrétien mais ayant dévié par la suite. Révélé dans une émission de télévision chrétienne, il a touché des millions de personnes par ses chants inspirés. Cependant, en grandissant, il a annoncé publiquement son orientation LGBTQ+ et s'est éloigné des principes bibliques qu'il défendait autrefois. Son histoire illustre les défis de rester fidèle à la foi dans un monde qui exerce une pression immense sur les jeunes artistes et figures publiques.

2. Katy Perry (née en 1984)

Katy Perry, chanteuse mondialement connue, est née dans une famille profondément religieuse et a commencé sa carrière musicale en chantant des chansons chrétiennes. Cependant, elle a rapidement abandonné cette voie pour embrasser une carrière dans la musique pop, souvent en contradiction avec les valeurs chrétiennes. Dans plusieurs interviews, elle a mentionné avoir été influencée par la culture dominante, malgré l'éducation chrétienne stricte qu'elle a reçue.

3. Brian Welch (né en 1970)

Membre du groupe de métal Korn, Brian Welch a vécu une période de déviance malgré son éducation chrétienne. Il a sombré dans les drogues et un style de vie débridé avant de finalement redécouvrir sa foi et de revenir à Christ. Aujourd'hui, il utilise son témoignage pour montrer que même ceux qui dévient peuvent être restaurés par la grâce de Dieu.

Leçons tirées de ces exemples

Ces témoignages mettent en lumière deux réalités :

1. **Une éducation spirituelle solide est cruciale, mais elle doit être accompagnée d'un suivi constant.** Même les enfants élevés dans des foyers pieux peuvent être séduits par le monde sans une relation personnelle et profonde avec Dieu.

2. **La grâce de Dieu peut restaurer ceux qui s'égarent.** Les exemples de Brian Welch et d'autres montrent que même après avoir dévié, il est possible de revenir sur le sentier étroit par la repentance et la transformation spirituelle.

Mon engagement et ma réflexion

Ces témoignages renforcent ma conviction qu'éduquer spirituellement les enfants dès leur bas âge est une mission cruciale. Cependant, nous ne devons pas nous contenter de leur inculquer des valeurs : il faut aussi prier sans cesse pour eux et leur enseigner à avoir une relation personnelle avec le Christ. Mon fardeau est que des générations entières ne s'égarent pas dans les pièges du chemin large, mais qu'elles puissent tenir ferme dans un monde en perpétuelle opposition à la vérité divine.

Nous ne pouvons pas empêcher totalement les prophéties des derniers temps de s'accomplir, mais nous pouvons réduire le nombre de ceux qui s'égarent en plantant la vérité dans leurs cœurs dès leur jeune âge.

4.2 Enseigner aux enfants à résister aux influences du monde et à discerner la vérité (Jean 8:32)

4.2.1 L'appel à discerner la vérité

Jean 8:32 affirme : *"Vous connaîtrez la vérité, et la vérité vous affranchira."* Ce verset souligne que la connaissance de la vérité biblique est un bouclier contre les mensonges du monde. Dans un contexte où les médias, les réseaux sociaux et les idéologies modernes façonnent les esprits, il est essentiel d'apprendre aux enfants à discerner entre la vérité de Dieu et les faussetés propagées par la société.

4.2.2 Les outils pour résister aux influences négatives

1. **Lecture et méditation biblique régulières** - Encourager les enfants à lire et mémoriser la Parole de Dieu pour qu'elle devienne leur boussole morale (Psaumes 119:11).

2. **Prières personnelles et communautaires** - Développer une vie de prière leur permet de chercher constamment la direction divine (Philippiens 4:6-7).

3. **Participation active à l'Église** - Être impliqué dans des activités spirituelles favorise un environnement sain pour grandir dans la foi (Hébreux 10:25).

4.2.3 La formation au discernement spirituel

Enseigner le discernement spirituel implique de leur apprendre à reconnaître les fruits d'un enseignement ou d'une pratique (Matthieu 7:16-17). Par exemple :

- **Critique des idéologies modernes** : Identifier les idéologies contraires à la Bible, comme le relativisme moral ou l'individualisme extrême.

- **Évaluation des amitiés et influences** : Proverbes 13:20 enseigne : *"Celui qui fréquente les sages devient sage, mais celui qui se plaît avec les insensés s'en trouve mal."*

<u>**Exemples contemporains**</u>

- **Jeunes chrétiens dans le monde moderne** : Tim Tebow, sportif de renom, a maintenu ses convictions chrétiennes malgré les pressions médiatiques.

- **Jeunes victimes des influences mondaines** : Jotta A, ancien enfant star du gospel, est devenu un symbole d'égarement spirituel après s'être éloigné des valeurs chrétiennes.

<u>**Application pratique**</u>

1. **Créer des discussions ouvertes** : Parler avec les enfants des défis qu'ils rencontrent dans la société et les guider vers des réponses bibliques.

2. **Utiliser des ressources adaptées** : Films chrétiens, livres pour enfants et programmes éducatifs qui renforcent les valeurs bibliques.

3. **Encourager les témoignages personnels** : Inviter des croyants ayant résisté à l'influence du monde pour partager leurs expériences.

4.3 Donner l'exemple : Comment les parents et les leaders spirituels peuvent montrer la voie

Les parents sont les premiers éducateurs spirituels de leurs enfants. Leur rôle est fondamental, non seulement pour transmettre la foi chrétienne, mais aussi pour vivre cette foi de manière tangible, afin que les enfants puissent voir et comprendre ce que signifie être un disciple de Christ. L'impact du modèle parental est incommensurable. La manière dont un parent vit sa foi chrétienne aura un effet direct sur le développement spirituel de ses enfants. Ce modèle devient la base de leur propre compréhension de Dieu et de leur engagement envers Lui.

4.3.1 L'impact du modèle parental

Les enfants ne se contentent pas de suivre des instructions ou d'écouter des discours ; ils apprennent surtout par l'observation. Ils scrutent chaque geste, chaque réaction, et chaque choix de leurs parents. En tant que tels, les parents doivent être conscients de la puissance de leur exemple dans chaque aspect de leur vie.

- **L'exemple d'une foi authentique**

Un des aspects les plus importants du modèle parental est de manifester une foi authentique. Cela signifie être une personne de prière, de lecture de la Bible et d'engagement envers Dieu, même dans les moments difficiles. Les parents doivent être capables de montrer à leurs enfants qu'ils ne se contentent pas de « prêcher » mais vivent réellement ce qu'ils enseignent.

- **Exemple concret :** Si un parent traverse une période de difficultés financières ou personnelles, il est essentiel qu'il montre à ses enfants comment il fait confiance à Dieu pour pourvoir à ses besoins. Cela peut se traduire par des prières de famille où chacun est encouragé à exprimer sa foi en Dieu, malgré les circonstances extérieures.

- **Scripture** : **Deutéronome 6:6-7** nous rappelle que la Parole de Dieu doit être dans le cœur des parents et qu'ils doivent l'enseigner à leurs enfants, « quand tu es assis dans ta maison, quand tu marches en chemin, quand tu te couches et quand tu te lèves ». Ce passage souligne l'importance d'une vie vécue en fonction de la foi, qui se reflète dans chaque moment de la journée.

- **L'exemple d'un amour inconditionnel**

  Les parents sont également appelés à refléter l'amour inconditionnel de Dieu. L'amour d'un parent doit être inaltérable, offrant un environnement sûr et aimant dans lequel les enfants peuvent se développer. Les moments de conflit ou de désaccord dans la famille sont des opportunités de montrer cet amour, non pas par la punition, mais par la patience, la correction bienveillante et l'encouragement à la repentance.

Exemple concret : Un parent peut, par exemple, prendre le temps de discuter calmement avec un enfant qui a fait une erreur, lui montrant ainsi comment demander pardon à Dieu et à l'autre, et comment restaurer les relations dans l'amour. Cela enseigne non seulement la justice, mais aussi la miséricorde divine.

- **Le témoignage de la famille comme cellule de l'Église**

Le foyer chrétien doit être vu comme une petite Église, un lieu où la foi est vécue au quotidien. Les parents sont appelés à être des pasteurs spirituels dans leur propre maison, encourageant l'unité, la prière en famille, et la lecture des Écritures. Chaque activité familiale, qu'il s'agisse des repas partagés, des moments de loisir, ou des tâches ménagères, peut être l'occasion d'enseigner aux enfants les valeurs chrétiennes et l'amour de Dieu.

Exemple concret : Consacrer un moment chaque soir, avant de dormir, pour lire un passage des Écritures et prier ensemble peut profondément nourrir l'âme de l'enfant. Le parent peut poser des questions ouvertes pour aider l'enfant à réfléchir sur ce qu'il a lu, puis prier ensemble en soulignant les vérités spirituelles qui se dégagent de la lecture.

4.3.2 Leadership spirituel dans l'Église : Rôle des parents et des pasteurs

Les parents ne sont pas seuls dans cette mission. Ils sont soutenus par l'Église et les pasteurs, qui jouent également un rôle clé dans l'éducation spirituelle des enfants. Cependant, le rôle de l'Église ne remplace pas celui des parents. Au contraire, l'Église soutient et renforce l'éducation spirituelle qui commence à la maison. Les pasteurs doivent encourager les parents à assumer pleinement leur responsabilité d'enseignants spirituels à la maison.

4.3.3 L'éducation spirituelle à travers les ministères de l'Église
Les enfants doivent être soutenus par des ministères adaptés à leur âge, tels que l'école du dimanche, où ils apprennent la Parole de Dieu de manière interactive et compréhensible. Cependant, l'Église doit aussi encourager les parents à participer activement à ces ministères, non seulement en accompagnant leurs enfants, mais aussi en étant des modèles de foi pour eux.

Exemple concret : Un pasteur pourrait encourager les parents à assister avec leurs enfants à l'école du dimanche et à discuter ensemble de ce qu'ils ont appris après le service. Cela ouvre des portes pour des discussions profondes sur la foi.

4.3.3 Responsabilité spirituelle : Encourager les parents à guider leurs enfants

La responsabilité spirituelle des parents est primordiale dans la vie chrétienne des enfants. Cela implique un engagement constant dans la prière, l'enseignement des Écritures, et la supervision des choix de vie des enfants. Les parents doivent prendre l'initiative de guider spirituellement leurs enfants dans leurs décisions quotidiennes, y compris dans les choix d'amis, de loisirs, et même de carrières futures. En faisant cela, ils leur montrent comment vivre pour Dieu dans tous les aspects de leur vie.

Exemple concret : Un parent peut utiliser une situation particulière, comme un conflit avec un ami, pour enseigner des principes bibliques sur le pardon, la réconciliation et l'humilité. Cela aide les enfants à appliquer leur foi dans des situations concrètes, renforçant leur maturité spirituelle.

- **Scripture** : **Proverbes 22:6** : "Instruis l'enfant selon la voie qu'il doit suivre; et quand il sera vieux, il ne s'en détournera pas." Ce verset nous rappelle que l'éducation spirituelle donnée dès le jeune âge a un impact durable dans la vie de l'enfant.

Le rôle des parents dans l'éducation spirituelle des enfants est irremplaçable. Ils doivent être des exemples vivants de foi, d'intégrité, d'amour et de responsabilité chrétienne. En incarnant les principes bibliques dans leur vie quotidienne, en étant des modèles de prière, de lecture des Écritures, et d'engagement dans l'Église, les parents montrent à leurs enfants le chemin du sentier étroit. À travers leur exemple, les enfants apprennent non seulement ce que cela signifie être chrétien, mais aussi comment vivre une vie pleinement consacrée à Dieu.

CHAPITRE 5 : L'APPEL A LA SAINTETE ET L'ŒUVRE DU MINISTERE

Dans ce chapitre, nous aborderons l'appel à la sainteté et la responsabilité qui incombe à chaque chrétien, notamment les leaders spirituels, pour guider les croyants vers une vie de sainteté et d'obéissance. Nous discuterons également de l'importance de maintenir l'intégrité dans le ministère tout en faisant face aux déviances et compromis qui peuvent se manifester dans les milieux religieux. Enfin, nous explorerons l'importance de l'unité au sein du corps de Christ pour proclamer et vivre le sentier étroit.

5.1 Le perfectionnement des saints pour marcher dans l'obéissance (Éphésiens 4:11-16)

Le perfectionnement des saints est une tâche centrale et fondamentale dans la mission de l'Église. Le rôle des leaders spirituels n'est pas seulement de conduire les croyants à une compréhension intellectuelle de la foi, mais de les former, de les modeler, et de les guider dans une pratique vivante et fidèle de l'obéissance à Dieu. Ce perfectionnement est un processus continu qui implique un apprentissage, une transformation, et une maturation spirituelle pour chaque croyant, que ce soit dans la manière de vivre, de penser, ou d'agir.

5.1.1 Le rôle des leaders spirituels dans le perfectionnement des saints

L'apôtre Paul décrit dans **Éphésiens 4:11-13** un modèle divin pour l'Église : il a donné à l'Église des ministères — apôtres, prophètes, évangélistes, pasteurs et enseignants — pour l'édification du corps de Christ. Ces ministères sont appelés à servir à la maturation des croyants afin qu'ils atteignent la pleine stature de Christ.

Le perfectionnement des saints commence par une saine doctrine, mais il va au-delà de l'enseignement théologique. Les leaders spirituels doivent incarner ce qu'ils enseignent. Ils sont les modèles à suivre, comme Paul l'exprime dans **1 Corinthiens 11:1** : « Soyez mes imitateurs, comme je le suis moi-même de Christ ». Cela signifie qu'un pasteur ou un enseignant doit être un exemple vivant de ce qu'il prêche.

Il doit vivre selon les principes bibliques de sainteté, de justice, d'humilité et d'amour. Cela exige que les leaders spirituels soient eux-mêmes continuellement sanctifiés, prient régulièrement, et soient engagés dans une vie d'obéissance.

Le perfectionnement des saints implique également une attention particulière à chaque croyant, en tenant compte de ses besoins spirituels, émotionnels et pratiques. Les leaders doivent discerner les zones de faiblesse et de force dans la vie des croyants et les aider à progresser vers une pleine maturité en Christ.

5.1.2 Marcher dans l'obéissance : Une vie transformée par la Parole

L'obéissance est au cœur du perfectionnement des saints. **Jean 14:15** nous dit : « Si vous m'aimez, gardez mes commandements ». Cette obéissance n'est pas une simple conformité extérieure, mais un reflet d'une transformation intérieure. L'obéissance découle d'une relation personnelle et intime avec Dieu. Un croyant qui marche dans l'obéissance à un cœur renouvelé, et cette obéissance devient un fruit naturel de la vie chrétienne.

Le perfectionnement des saints doit viser à rendre cette obéissance visible dans tous les aspects de la vie : dans la famille, au travail, dans la société et au sein de l'Église. Cela inclut des aspects pratiques comme le respect de l'autorité, le pardon des offenses, l'intégrité dans les affaires, la pureté dans les pensées et les actions, et une vie de prière régulière.

Les leaders spirituels doivent enseigner à leurs fidèles que l'obéissance ne se limite pas à une observance superficielle des règles. Elle doit être vécue dans l'amour et la gratitude envers Dieu. **Romains 12:1** nous exhorte à « offrir nos corps comme un sacrifice vivant, saint, agréable à Dieu, c'est là un culte raisonnable ». Cette obéissance doit être motivée par un amour sincère pour Dieu et par la reconnaissance de ce qu'Il a accompli pour nous.

5.1.3 Le rôle de la Parole de Dieu dans la transformation des croyants

Un des outils principaux pour le perfectionnement des saints est la

Parole de Dieu elle-même. Dans **2 Timothée 3:16-17**, Paul souligne que « toute Écriture est inspirée de Dieu et utile pour enseigner, pour convaincre, pour corriger, pour instruire dans la justice, afin que l'homme de Dieu soit accompli et propre à toute bonne œuvre ». La Parole de Dieu est la lumière qui guide les croyants dans la vérité et les aide à discerner ce qui est juste.

Les leaders spirituels doivent enseigner la Parole de Dieu avec clarté et profondeur. Ils doivent aider les croyants à appliquer les Écritures à leur vie quotidienne. Cela inclut l'étude des Écritures en profondeur, la méditation personnelle et collective, et l'application pratique des principes bibliques dans toutes les situations de la vie. La Parole de Dieu est aussi un moyen de sanctification, comme Jésus le dit dans **Jean 17:17** : « Sanctifie-les par ta vérité ; ta parole est la vérité ».

5.1.4 Le rôle de la prière dans la sanctification et l'obéissance

La prière est un autre élément essentiel pour le perfectionnement des saints. La prière est le moyen par lequel les croyants restent connectés à Dieu, sont renouvelés dans leur foi et reçoivent la force nécessaire pour obéir à Ses commandements. **Hébreux 4:16** nous invite à « nous approcher du trône de la grâce avec assurance, afin d'obtenir miséricorde et de trouver grâce pour être secourus dans nos besoins ».

Les leaders spirituels doivent encourager les croyants à une vie de prière régulière et fervente. Cela inclut la prière personnelle, ainsi que les prières communautaires, comme celles pratiquées dans les Églises locales et les groupes de prière. La prière permet aux croyants de recevoir la direction du Saint-Esprit et d'être renouvelés dans leur engagement à obéir à Dieu.

5.1.5 Le perfectionnement dans les œuvres bonnes : Agir selon la foi

Un aspect crucial du perfectionnement des saints est l'appel à vivre dans des œuvres bonnes. Comme le dit **Éphésiens 2:10**, « nous sommes son ouvrage, ayant été créés en Christ Jésus pour de bonnes œuvres, que Dieu a préparées d'avance, afin que nous les pratiquions ». La foi véritable se manifeste dans des actions concrètes : nourrir les affamés, aider les pauvres, défendre les opprimés, et prêcher l'Évangile. Le perfectionnement des saints doit les pousser à vivre leur foi de manière active et pratique.

Les leaders spirituels doivent encourager leurs croyants à ne pas seulement être des auditeurs de la Parole, mais des praticiens. Cela inclut l'accomplissement de bonnes œuvres au sein de la communauté chrétienne et dans le monde. L'accomplissement des œuvres bonnes témoigne de la transformation intérieure que la Parole de Dieu produit dans la vie des croyants.

5.1.6 Le perfectionnement à travers les épreuves et la persévérance

Le perfectionnement des saints ne se fait pas sans épreuves. En **Jacques 1:2-4**, il est écrit : « Mes frères, regardez comme un sujet de joie complète les diverses épreuves auxquelles vous pouvez être exposés, sachant que l'épreuve de votre foi produit la persévérance. Or la persévérance doit accomplir une œuvre parfaite, afin que vous soyez parfaits et accomplis, sans faillir en rien ». Les épreuves sont des moyens divins de raffiner la foi des croyants et de les aider à grandir en maturité spirituelle.

Les leaders spirituels doivent encourager leurs ouailles à persévérer dans la foi, même face aux épreuves, en leur rappelant que ces moments difficiles sont des occasions de croissance spirituelle. La sanctification ne se fait pas uniquement dans la tranquillité, mais souvent dans le creuset des souffrances et des défis, où la foi est mise à l'épreuve et où Dieu purifie le cœur de Ses enfants.

Le perfectionnement des saints est un processus complexe et profond, qui implique l'enseignement de la Parole de Dieu, la prière, l'obéissance pratique, et la persévérance dans la foi. Les leaders spirituels ont un rôle vital à jouer dans ce processus, en guidant les croyants non seulement par leur enseignement, mais aussi par leur exemple. Ce perfectionnement est un moyen pour chaque croyant de marcher dans l'obéissance à Dieu et de vivre une vie transformée par la puissance du Saint-Esprit.

5.2 Éviter les compromis dans les milieux religieux : dénoncer les déviances tout en incarnant l'amour de Christ

Dans un monde où les valeurs chrétiennes sont souvent mises à l'épreuve, l'Église est appelée à se tenir ferme dans la vérité de l'Évangile. Cependant, l'Église est confrontée à des défis majeurs, notamment l'infiltration de compromis doctrinaux et moraux dans les milieux religieux. Ces compromis peuvent provenir des influences culturelles, sociales ou même politiques qui cherchent à diluer les enseignements bibliques pour mieux s'adapter à un monde en constante évolution. La tentation de chercher la popularité, l'acceptation sociale ou des gains matériels peut conduire à des compromis graves. Il est donc crucial pour l'Église de dénoncer ces déviances tout en incarnant l'amour de Christ, d'une manière qui ne compromet ni la vérité ni l'intégrité spirituelle.

5.2.1 Les compromis doctrinaux dans l'Église

L'une des premières formes de compromis que l'Église doit éviter est celle des compromis doctrinaux. De nombreuses doctrines déviantes se sont introduites dans les milieux religieux modernes sous des apparences de « tolérance » ou de « pertinence culturelle ». Par exemple, l'idée que tous les chemins mènent à Dieu, la relativisation des enseignements bibliques sur des sujets tels que le péché, l'homosexualité, et le mariage, sont des compromis qui ne trouvent aucune base solide dans les Écritures.

Les leaders spirituels sont appelés à être des gardiens de la vérité. Dans **Jude 1:3**, l'apôtre nous exhorte à « combattre pour la foi qui a été transmise aux saints une fois pour toutes ». Ce verset souligne l'importance de défendre la foi chrétienne dans sa pureté. Les compromis doctrinaux, lorsqu'ils sont acceptés, peuvent avoir des conséquences tragiques : ils affaiblissent l'Église, la rendent moins effective dans son témoignage et éloignent les croyants de la vérité qui transforme.

Il est donc essentiel que les croyants soient formés dans une théologie solide, qu'ils soient capables de discerner les faux enseignements et d'y faire face avec sagesse et fermeté. **1 Timothée 4:16** nous dit : « Prends garde à toi-même et à ta doctrine. Persévère dans ces choses ; car en agissant ainsi, tu te sauveras toi-même et tu sauveras ceux qui t'écoutent. » Les leaders spirituels doivent constamment renforcer l'enseignement biblique dans la vie de l'Église pour éviter que des enseignements erronés ne prennent racine.

5.2.2 Les compromis moraux et éthiques : L'importance de l'intégrité chrétienne

En plus des compromis doctrinaux, l'Église fait face à des compromis moraux et éthiques. Le relativisme moral, qui affirme qu'il n'existe pas de vérités absolues et que les individus peuvent déterminer ce qui est juste pour eux-mêmes, infiltre lentement de nombreuses églises et communautés chrétiennes. Ce compromis touche des domaines cruciaux comme l'avortement, la sexualité, l'intégrité personnelle et la gestion des finances.

Les croyants sont souvent confrontés à la tentation d'accepter des comportements moralement répréhensibles sous la pression de la société ou par souci de ne pas être jugés. Par exemple, l'acceptation des comportements homosexuels, le mariage entre personnes du même sexe ou les dérives sexuelles au sein de l'Église sont des sujets où les compromis sont fréquents. L'Église doit être une lumière dans les ténèbres, une voix de vérité qui se dresse contre ces dérives tout en restant fidèle à l'enseignement des Écritures.

Il est essentiel de rappeler que **Romains 12:2** nous exhorte à ne pas nous conformer au monde, mais à être transformés par le renouvellement de notre esprit. Un chrétien ne doit pas laisser les normes culturelles ou sociétales redéfinir ce que Dieu a clairement établi comme juste et moral. Cela exige de la part des leaders spirituels une prédication audacieuse et une vigilance constante dans la protection des croyants contre ces compromis moraux.

5.2.3 L'attitude chrétienne face aux compromis : dénoncer avec amour

Dénoncer les déviances et les compromis n'implique pas de juger ou de condamner les individus, mais de défendre la vérité de l'Évangile avec un esprit de miséricorde et d'amour. **Galates 6:1** nous rappelle que « si quelqu'un est surpris en faute, vous qui êtes spirituels, rétablissez-le avec un esprit de douceur, en prenant garde à toi-même, de peur que tu ne sois aussi tenté. » Cela signifie que toute correction doit être faite dans un esprit de restauration et de compassion, cherchant toujours à ramener la personne dans le droit chemin, sans arrogance ni dureté.

L'Église doit s'engager dans la mission de réconciliation, non seulement par l'annonce de la vérité, mais aussi par la manifestation de l'amour de Christ. **Éphésiens 4:15** nous appelle à « parler avec amour, croissant à tous égards en celui qui est le chef, Christ ». Cela exige une démarche équilibrée, où la vérité et l'amour sont indissociables. L'amour ne signifie pas tolérer le péché, mais plutôt, aimer assez pour dire la vérité, même quand cela est difficile.

5.2.4 L'exemple du Christ : Dénoncer le péché sans compromis

Le Christ lui-même est notre modèle parfait dans ce domaine. Bien qu'Il ait aimé les pécheurs, Il n'a jamais compromis avec le péché. Il a dénoncé le péché avec une fermeté sans égale, tout en offrant la grâce et la réconciliation. Par exemple, dans **Jean 8:11**, après avoir pardonné à la femme adultère, Il lui dit : « Va, et ne pèche plus. » Cette phrase montre que Jésus, tout en offrant le pardon, appelait aussi à une vie de repentance et de changement.

Dans la même logique, Jésus n'a jamais craint de dénoncer les hypocrisies religieuses. Il a réprimandé sévèrement les pharisiens dans des passages comme **Matthieu 23**, où Il les qualifie de « sépulcres blanchis », exposant leur hypocrisie tout en les appelant à la repentance.

5.2.5 Le défi de la persévérance dans la vérité face à l'opposition

Dans un contexte où les compromis sont courants, l'Église doit persévérer dans la vérité, même face à l'opposition. **2 Timothée 4:2** nous exhorte : « Prêche la parole, insiste en toute occasion, favorable ou non, reprends, censure, exhorte, avec toute douceur et en instruisant. » Cette instruction apostolique implique une fidélité coûteuse. L'Église, tout comme ses leaders, sera souvent confrontée à la pression de plaire aux hommes ou d'adapter son message pour le rendre plus acceptable. Mais l'appel divin reste celui de proclamer la vérité, sans concession.

Les croyants doivent comprendre que la fidélité à la vérité peut entraîner des souffrances, mais que ces souffrances sont une part du témoignage chrétien. Comme Jésus l'a dit dans **Jean 15:18** : « Si le monde vous hait, sachez qu'il m'a haï avant vous. » L'Église doit se préparer à être rejetée, persécutée et critiquée pour sa fidélité à la vérité.

Éviter les compromis dans les milieux religieux est crucial pour préserver l'intégrité de l'Église et de ses enseignements. Les leaders spirituels ont la responsabilité de dénoncer les déviances doctrinales et morales tout en incarnant l'amour de Christ. Cette tâche exige un équilibre entre vérité et grâce, entre fermeté et douceur. Le message du Christ, qui allie justice et miséricorde, doit être le modèle pour l'Église dans sa mission de maintenir la pureté doctrinale et morale tout en appelant le monde à la réconciliation avec Dieu.

5.3 L'importance de l'unité dans le corps de Christ pour proclamer le chemin étroit

L'unité dans le corps de Christ est essentielle pour la proclamation du chemin étroit. Mais cette unité ne doit pas être comprise à travers le prisme des organisations humaines, qui sont souvent marquées par la division, les rivalités et les ambitions personnelles. Le corps de Christ est un organisme vivant, une réalité spirituelle fondée sur la foi commune en Jésus-Christ. C'est cette unité spirituelle qui doit prévaloir au sein de l'Église, bien que les tentatives humaines pour organiser et structurer l'Église aient parfois engendré des divisions. L'unité dans le corps de Christ n'est donc pas une unité d'organisation, mais une unité de cœur, de foi et d'objectif. C'est une unité qui transcende les barrières humaines, les dénominations, et qui se concentre sur la mission de répandre l'Évangile.

5.3.1 Le corps de Christ : un organisme vivant, non une organisation humaine

Le corps de Christ, selon **1 Corinthiens 12:12-14**, est un organisme vivant. Il n'est pas simplement une organisation structurée comme une entreprise, un gouvernement ou une institution sociale. Il est composé de membres vivants, chacun ayant une fonction particulière, mais tous unis en Christ pour accomplir une mission divine. **Éphésiens 4:4-6** nous rappelle : « Il y a un seul corps et un seul Esprit, comme vous avez été appelés à une seule espérance, celle de votre vocation. Il y a un seul Seigneur, une seule foi, un seul baptême, un seul Dieu et Père de tous, qui est au-dessus de tous, et parmi tous, et en tous. »

Cela signifie que, dans le corps de Christ, il ne s'agit pas de l'adhésion à une organisation humaine, mais de la participation à une vie spirituelle commune. Si l'Église était seulement une organisation humaine, elle serait sujette aux mêmes divisions et conflits que toute organisation construite par l'homme. Au contraire, l'Église doit être une communauté unie par la foi en Christ, une réalité spirituelle qui transcende les structures et qui se manifeste par des actes d'amour, de service et de témoignage.

5.3.2 Les divisions dans le corps de Christ : une œuvre humaine

Les divisions dans le corps de Christ, qui donnent lieu à la multiplicité d'Églises et de dénominations, trouvent leur origine non dans la volonté de Dieu, mais dans l'action humaine. Ces divisions sont souvent alimentées par des interprétations divergentes de la Parole de Dieu, des querelles théologiques, des conflits de pouvoir ou des divergences culturelles. Les Églises se retrouvent alors séparées par des lignes doctrinales, des pratiques liturgiques ou des structures de leadership qui ne sont pas fondées sur l'unité du corps de Christ, mais sur des considérations humaines.

Dans **1 Corinthiens 1:10**, Paul exhorte les croyants à « n'avoir aucun schisme parmi vous, mais à être parfaitement unis dans le même esprit et dans le même sentiment. » Pourtant, nous observons que dans de nombreux cas, les Églises chrétiennes, qui se réclament toutes de la foi en Jésus-Christ, sont divisées, parfois à cause de différences d'opinions sur des questions secondaires. Ces divisions font du tort à l'Église et affaiblissent son témoignage dans le monde.

L'histoire du christianisme, marquée par la naissance de nombreuses dénominations, est un exemple frappant de ce phénomène. Au fil des siècles, des divisions se sont produites sur des questions telles que la Trinité, la prédestination, le rôle des sacrements, et bien d'autres. Chaque dénomination a souvent essayé de se justifier en affirmant sa propre interprétation de la Bible, conduisant à des divisions profondes.

5.3.3 L'appel à l'unité véritable : au-delà des différences humaines

L'unité dans le corps de Christ, bien que non synonyme d'uniformité, est pourtant essentielle. Les croyants doivent être unis dans leur cœur et dans leur mission, même s'ils appartiennent à des églises ou dénominations différentes. L'unité n'est pas dans le fait d'être tous identiques, mais dans le fait de partager une même foi en Jésus-Christ et une même mission de faire connaître le Royaume de Dieu.

L'appel à cette unité véritable se retrouve dans **Jean 17:20-23**, où Jésus prie pour ses disciples et pour ceux qui croiront en Lui à travers leur parole : « Que tous soient un, comme toi, Père, tu es en moi et moi en toi, que eux aussi soient un en nous, afin que le monde croie que tu m'as envoyé. » Ici, l'unité est directement liée à la mission évangélisatrice de l'Église. C'est en étant unis que les croyants peuvent efficacement témoigner de l'amour de Dieu et de la vérité de l'Évangile.

5.3.4 Exemples et témoignages d'unité dans la diversité

De nombreux exemples dans l'Église montrent que l'unité ne dépend pas de la conformité extérieure, mais de la fidélité à la mission de Christ. L'unité entre croyants de différentes dénominations et cultures peut se manifester dans des actions concrètes de coopération pour le bien du monde. Par exemple, les initiatives de l'**Alliance évangélique mondiale** et les efforts du **Conseil œcuménique des Églises** ont permis à de nombreuses Églises de surmonter leurs différences doctrinales pour travailler ensemble à des projets humanitaires, sociaux et spirituels. Ces alliances ne cherchent pas à effacer les différences doctrinales, mais à affirmer l'unité du corps de Christ dans des actions communes.

Un autre exemple est celui de **Billy Graham**, qui a réussi à rassembler des chrétiens de diverses dénominations lors de ses croisades évangéliques à travers le monde. Bien que ses ministères aient été associés à des Églises protestantes, des croyants de différentes confessions ont participé à ces événements, mettant de côté leurs différences doctrinales pour proclamer ensemble l'Évangile.

Un témoignage contemporain pourrait être celui de l'unité vécue lors de la **Journée mondiale de la prière**, où des chrétiens de différentes traditions prient ensemble pour des causes communes, qu'il s'agisse de la paix, de la justice sociale, ou de l'aide humanitaire. Ces événements démontrent que l'unité dans le corps de Christ dépasse les divisions humaines et se manifeste dans la coopération et le témoignage commun.

5.3.5 Vivre l'unité au quotidien : Le défi d'un amour inébranlable

L'unité dans le corps de Christ se manifeste aussi dans le quotidien des relations entre croyants. Cela implique de cultiver un amour inébranlable, un respect mutuel, et une volonté de pardonner. **Colossiens 3:13** exhorte les croyants : « Supportez-vous les uns les autres, et, si l'un de vous a une plainte contre un autre, pardonnez-vous réciproquement. » Les divisions au sein du corps de Christ naissent souvent de l'orgueil, de la médisance, de la rancune et du manque de pardon. L'Église doit donc chercher à résoudre ces conflits, non par des moyens humains, mais par l'amour du Christ, qui nous appelle à l'unité, malgré nos différences.

L'unité dans le corps de Christ est un impératif pour annoncer le chemin étroit. En tant qu'organisme vivant, l'Église ne doit pas être divisée par des intérêts humains, des rivalités ou des compromis théologiques, mais doit demeurer unie dans l'Esprit et dans la vérité. C'est cette unité spirituelle, fondée sur l'amour du Christ, qui permettra à l'Église de proclamer efficacement l'Évangile et de vivre en témoignage de la puissance transformatrice de la foi chrétienne

CONCLUSION : MA DESTINEE AUJOURD'HUI ET DEMAIN

Au terme de ce parcours, il est essentiel de revenir sur les choix qui s'offrent à chaque individu, car la destinée de chacun dépend des décisions prises aujourd'hui. La vie chrétienne, illustrée par le chemin étroit, n'est pas un chemin facile ni sans obstacles, mais elle est la voie qui mène à la vie éternelle, un appel à la sainteté, à la transformation et à la communion avec Dieu. Ce chemin nous appelle à renoncer aux désirs de la chair, à choisir de suivre Jésus, non pas dans la conformité au monde, mais dans une fidélité totale à sa Parole.

1. Résumé des choix qui s'offrent à chacun

Dans ce monde, nous sommes constamment confrontés à un choix crucial : suivre le chemin large, qui mène à la perdition, ou emprunter le chemin étroit, qui mène à la vie éternelle. Le chemin large est celui du confort, du compromis, de la recherche du gain facile, de la moralité flexible et des tentations du monde. Il est souvent parsemé de séductions qui semblent attrayantes à court terme mais qui, en fin de compte, ne satisfont pas l'âme humaine.

Le chemin étroit, quant à lui, exige de nous un engagement profond, une obéissance radicale à la Parole de Dieu, et une vie marquée par la sanctification. Ce chemin est souvent semé d'épreuves, de rejet et de sacrifices, mais il est la voie du véritable accomplissement, de la paix intérieure et de l'intimité avec Dieu. En Matthieu 7:13-14, Jésus nous met en garde : « Entrez par la porte étroite, car large est la porte et spacieux est le chemin qui mène à la perdition, et nombreux sont ceux qui y entrent. Mais étroite est la porte, et resserré le chemin qui mène à la vie, et peu sont ceux qui le trouvent. »

Les choix qui s'offrent à chacun sont donc clairs : continuer à suivre les voies du monde, ou choisir le chemin étroit de la foi chrétienne, qui mène à la vie éternelle. Chaque jour, nous sommes invités à renouveler notre engagement, à ajuster notre marche selon la volonté de Dieu et à faire de nos vies un témoignage vivant du Christ.

2. L'appel à prendre position pour le sentier étroit, malgré les défis

Le chemin étroit n'est pas celui qui est emprunté par la majorité. Dans un monde où le relativisme moral, l'individualisme et les valeurs mondaines dominent, prendre position pour suivre ce sentier implique de se détacher de la foule. Cela peut entraîner des sacrifices, des incompréhensions, et parfois même de la persécution. Cependant, c'est un chemin qui porte du fruit, un fruit qui demeure éternellement.

Être chrétien dans le monde d'aujourd'hui demande de la courageuse détermination, de la persévérance et une confiance absolue dans la promesse de Jésus, qui nous dit : « Celui qui persévérera jusqu'à la fin sera sauvé » (Matthieu 24:13). Ce chemin étroit peut sembler difficile et solitaire, mais nous ne sommes jamais seuls. Jésus est notre guide, et le Saint-Esprit est notre consolateur et notre force. Il nous donne la capacité de surmonter les obstacles et de marcher dans la lumière de sa vérité.

Dans les moments de doute ou de découragement, rappelons-nous que nous ne marchons pas par nos propres forces, mais que la grâce de Dieu nous soutient. « Tout est possible à celui qui croit » (Marc 9:23). Le chemin étroit est semé de bénédictions spirituelles et de victoires qui surpassent toutes les souffrances du monde.

3. Une prière d'engagement pour suivre le chemin qui mène à la vie éternelle

Seigneur Jésus

Je viens devant Toi aujourd'hui, conscient que le chemin que Tu me proposes n'est pas facile, mais il est celui qui mène à la vie éternelle. Je Te remercie pour Ta grâce infinie et pour le sacrifice que Tu as fait sur la croix pour moi.

Je reconnais que le monde m'offre de nombreuses distractions, séductions et chemins larges, mais je veux faire le choix conscient de Te suivre sur le chemin étroit. Je choisis aujourd'hui de renoncer à mes propres désirs et à mes ambitions personnelles pour marcher selon Ta volonté.

Donne-moi la force de persévérer malgré les épreuves. Que ma foi soit inébranlable et que mon cœur soit totalement dévoué à Toi. Je te demande de m'aider à être un exemple de lumière et de vérité dans ce monde.

Je m'engage à suivre le chemin étroit, à aimer comme Tu as aimé, à vivre selon Ta Parole, et à proclamer Ton Royaume.

Seigneur, guide mes pas et fortifie-moi par Ton Saint-Esprit, afin que je puisse persévérer jusqu'à la fin, pour que je sois trouvé digne de vivre avec Toi dans l'éternité.

Au nom puissant de Jésus-Christ, je prie,

Amen.

La destinée de chacun de nous est façonnée par les choix que nous faisons aujourd'hui. Le sentier étroit est celui qui mène à la vie éternelle, un chemin qui demande obéissance, sacrifice et fidélité. Que cette prise de position soit le début d'une marche fermement ancrée en Christ, avec l'assurance que celui qui persévère dans cette voie verra sa vie couronnée de gloire éternelle.

NOTE DE FIN

Nous vous bénissons dans le nom du Seigneur. Que Sa paix et Sa grâce reposent sur vous et vos proches. Si ce livre a touché votre cœur, nous vous offrons l'opportunité de prendre la décision la plus importante de votre vie : inviter Jésus-Christ dans votre cœur en tant que Seigneur et Sauveur.

Si vous n'êtes pas encore né de nouveau ou si vous souhaitez renouveler votre expérience spirituelle, nous vous invitons à prier avec nous. Dites : Seigneur Jésus, je me repens sincèrement de mes péchés. Viens dans mon cœur, je Te fais Seigneur et Sauveur de ma vie. Merci Seigneur pour le don du Saint-Esprit, qui habite en moi, au nom de Jésus.

Par cette prière simple, nous croyons fermement que le Saint-Esprit vous conduit sur le chemin de la nouvelle naissance. Nous vous encourageons à vous engager dans une église où la Parole de Dieu est le fondement, à passer par les eaux du baptême, et à donner à Dieu la première place dans votre vie.

Nous espérons de tout cœur que ce message vous a édifié. Si vous connaissez quelqu'un qui pourrait en bénéficier, n'hésitez pas à lui offrir ce livre afin de contribuer à la diffusion de l'Évangile et à l'édification du corps de Christ.

Nous vous encourageons également à nous faire part de vos requêtes de prière et à nous soutenir dans notre mission par vos dons et prières, en nous contactant à l'adresse suivante : contact@1sentieretroit-int.ch. Même si vous ne percevez pas immédiatement de réponse à vos prières, sachez que nous avons prié pour vous.

Restez fermes dans la foi, en communion avec nous dans la prière. Que la grâce et la paix du Seigneur Jésus-Christ reposent sur vous tous, et qu'Il vous bénisse abondamment.

Références bibliques :

- *Louis Segond 1910*
- *Nouvelle Bible Segond*
- *Darby*
- *Bible du Semeur* (BDS)
- *King James Version* (pour les comparaisons linguistiques et doctrinales)

Références théologiques pertinentes :

- **John Bunyan**, *Le Voyage du Pèlerin*, Éditions BLF, 2020.
- **A. W. Tozer**, *À la recherche de Dieu*, Impact Éditions, 2011.
- **C. S. Lewis**, *Le problème de la souffrance*, Éditions Empreinte, 2017.
- **John Stott**, *Le chrétien face défis au monde moderne*, Éditions Farel, 1992.

Références sur le relativisme moral et ses dérives :

- **Francis Schaeffer**, *L'Abandon de la Raison*, Éditions Excelsis, 2013.
- **Os Guinness**, *Les Temps du Bruit : La Vérité face au Relativisme Moderne*, Éditions CLÉ, 2015.
- **Alasdair MacIntyre**, *After Virtu* (*Après la Vertu*), Notre Dame Press, 2007.
- **Jean-Paul Sartre**, *L'existentialisme est un humanisme* (représente le relativisme moral opposé aux valeurs chrétiennes).

Printed by Books on Demand GmbH, Norderstedt / Germany